学习力

我是这样考上清华的

陈陆淼◎著

清华大学出版社
北京

内 容 简 介

本书是写给550分以下的同学看的，目标是把不及格的学生提升为及格学生，把中等水平的学生提升为学霸。当然，前提是你要有决心，能切实行动起来。

全书共分为12章，前面6章讲解了宏观的学习方法，包括认清自己的边界、对高考的错误认识、有效利用时间、学渣如何逆袭、错题本的运用、快速记忆方法等内容。后面6章针对具体科目，讲解了答题技巧，这些技巧你可能在其他辅导书上也看过，但本书旨在提高考试成绩，同时训练思维能力，相信能给你不一样的感觉。

本书是一本提升高中学生学习力的训练手册，不只是有望考上清华的学生才可以看，所有中学生和家长朋友都可以阅读，用其中的方法提升自己的学习技能。

图书在版编目(CIP)数据

学习力：我是这样考上清华的 / 陈陆淼著. —北京：清华大学出版社，2017（2025.6重印）
ISBN 978-7-302-45456-4

Ⅰ.①学…　Ⅱ.①陈…　Ⅲ.①高中生—学习方法　Ⅳ.①G632.46

中国版本图书馆CIP数据核字(2016)第274720号

责任编辑：刘志彬
封面设计：汉风唐韵
版式设计：方加青
责任校对：宋玉莲
责任印制：刘海龙

出版发行：清华大学出版社
网　　址：https://www.tup.com.cn，https://www.wqxuetang.com
地　　址：北京清华大学学研大厦A座　　邮　　编：100084
社 总 机：010-83470000　　邮　　购：010-62786544
投稿与读者服务：010-62776969，c-service@tup.tsinghua.edu.cn
质 量 反 馈：010-62772015，zhiliang@tup.tsinghua.edu.cn
印 装 者：三河科茂嘉荣印务有限公司
经　　销：全国新华书店
开　　本：170mm×240mm　　印　　张：18.5　　字　　数：223千字
版　　次：2017年2月第1版　　印　　次：2025年6月第18次印刷
定　　价：39.00元

产品编号：072083-01

考试是把精确的尺子

考清华难吗？

我考上清华后，很多人问我这个问题。

说实话，这个问题挺不好回答的，因为我高中阶段基本上是全校第一，老师和同学都认为我一定能考上清华，我也这么认为。但是我如果说不难，我也知道很多人考清华未果，好像也挺不容易。

我也针对这个问题去问我的清华同学，从他们的回答，从我观察他们的学习方式，从他们对待考试的方法……我慢慢开始明白考清华需要什么样的特质。

考清华并不是神一样的存在，这本书就是细节的答案，就看你如何吸收了。都说中国人会考试，我希望从这本书开始，慢慢地转变成全世界都说我们中国人会学习。

在本书的开始，我要说，考试是把精确的尺子，能衡量绝大多数人的能力。别看一个简单的分数，它后面凝结了学生的智力、体力、学习能力、毅力、注意力、临场发挥能力等众多要素。因此，当你考试成绩不理想时，要从多个角度找原因。

- 智力：要承认人和人之间的智力差别，每个班都会有一个天天玩但考试分数特别好的“变态”，对这样的同学，我们只有膜拜的份。要想超过他们，就要从其他角度入手。
- 体力：有的人能熬夜学到12点，第二天依然神采奕奕，相当于多学了两个小时。对于这样的狂人，我们可以通过平时锻炼身体，努力接近，但是切记过犹不及，切勿把自己的身体搞坏。

前面这两个能力，是上天的礼物，普通人是不能奢望的。不过幸好上天没有把路堵死，还留下了学习能力、毅力、注意力等其他几个“软实力”，这些可以通过后天的培养超越那些“天才”。

下面自我介绍一下，本人在天津农村长大，小时候得过心脏病，3 岁做了手术，差点死掉，到现在身体也不好，跑一会儿就气喘吁吁。

我上小学的时候，最开始学习一般，后来偶尔得到家长的表扬，那种感觉很好，为了得到更多的表扬，于是走上了好学生的道路。可见，老师和家长，不要吝啬你们的表扬。当然，后来我学会了自我激励，自己把自己的学习目标分解，每达成一个小目标，自己就感觉很爽。

我从小学到初中，经历了 4 个学校，每到一个新学校，开始是年级中游，经过一年左右的努力，成为年级前三名，然后始终保持第一。在初二和初三，每次数学考试都是满分，从来没有出过错，初三时，我的总分比年级第二多了 60 分。中考的时候，我以全县第 6 的成绩考入县一中，当时排在我前面的 5 个人都是县一中初中部的。之所以分数不如他们，仅仅由于不熟悉中考的题型。但在第一次年级大考中，我就超过了前面 5 个人，直接拿到年级第一。最后高考考上了清华大学。

看到这个经历，你可能以为我很聪明，智商很高，那你就错了。为了考第一，我经常会分析各个竞争对手，包括一些潜在对手，研究他们的学习方法。我的智力只能说中等偏上，在一个40人的班中，我能排到15名左右，很多脑子聪明的人，最后也被我甩在了后面。

我的绝招是什么？就是前面说的几项“软实力”，在这本书中会一一剖析，让你也成为学霸。

本书由杉水统筹编写，在杉水作为主笔人的同时，因为高考题目众多，我们分工合作，同时参与编写的还有黄维、金宝花、李阳、程斌、胡亚丽、焦帅伟、马新原、能永霞、王雅琼、于健、周洋、谢国瑞、朱珊珊、李亚杰、王小龙、张彦梅、李楠、黄丹华、夏军芳、武浩然、武晓兰、张宇微、毛春艳、张敏敏、吕梦琪等作者。在此一并感谢。

本书完稿后，请了很多人来试读，大家都非常认可本书中这些行之有效的方法。请从现在开始，以考清华为目标分解你的学习任务，不断吸引本书教给你的方法，最后形成一套你自己的学习方法，我相信，你会有意想不到的收获。

作　者

目 录

第3章 把时间当作朋友

第4章 学渣如何逆袭

第5章 错题本

第6章 让大脑快速记忆

第7章 高考语文技巧审题与解题
——感性世界里的理性“公式化”解题思维

第8章 高考数学技巧审题与解题
——“巧思”“妙解”数量关系和空间形式

第12章　高中生物技巧审题与解题——灵活运用思维方法和系统特点

第1章 认清你的边界

试卷考查的是你对知识的掌握程度，这句话说起来简单，但落实到每个人身上，感觉是不同的。比如你正在做一道几何题，前面两问很顺利，最后一问却没有思路，然后翻了翻答案，立刻恍然大悟，原来如此！你觉得自己掌握这道题了吗？

1.1 学渣和学霸的区别

我在高中时，经常给同学讲题，上清华以后，当过两年的家教。在这个过程中，我发现一个很有意思的现象，就是每次讲题的时候，同学都连连点头，表示他会了，但是一到考试，就拿不到分，事后分析的时候，充满了懊悔：

就差一步，当时我怎么没想到？

居然在小数点这里错了，这个分我应该得到！

这个成语前几天刚复习，结果还是写了错别字。

你觉得这是偶然的吗？No！

对每一个人来说，高考的题目存在于你的三个区域：舒适区、学习区和黑暗区，如下图所示，请牢记这个图，它是你逆袭的关键。

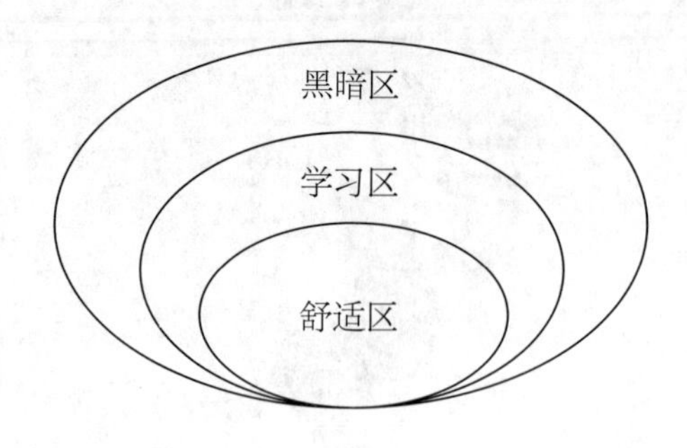

- 舒适区：就是你不会做错、肯定能拿分的知识区域。注意，不要给自己任何借口，比如这个题有印象；记不清了；中间忘记除以2了；等等，都是借口，这些题都不属于舒适区。翻开考完的试卷，挨个儿看一下，哪些题是自己一看就会，毫不犹豫地把它们归到舒适区。
- 学习区：一看答案就会，不看答案可能做错的题，这是学习区的主要内容；还有就是需要动动脑筋，仔细研究，然后可以看懂的部分，这占学习区的一小部分。
- 黑暗区：顾名思义，就是你的地狱了，指怎么搞也弄不懂的区域，即使看了答案也不知道为什么，这些题就是为了嘲笑你而存在的，不过没关系，本书后面会教你方法把它们搞定。

单独看这个图你没什么感觉，如果我把学霸、学渣和中等生的边界图画出来，你就明白了。

	知识边界	特点
学霸	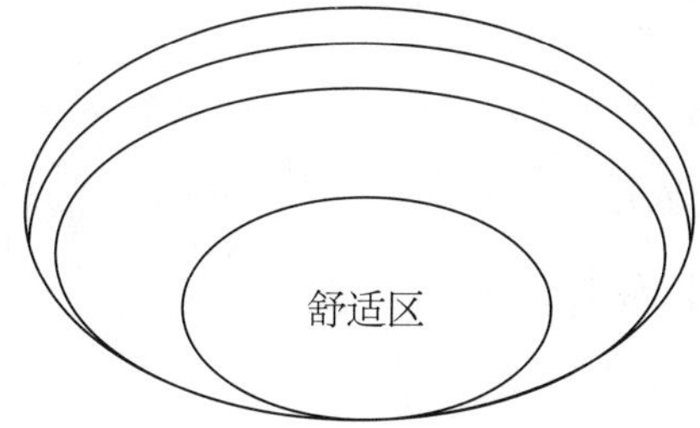 舒适区	1. 舒适区占了90%以上； 2. 熟练掌握基础知识； 3. 复习起来很轻松； 4. 有精力解决难题
中等生	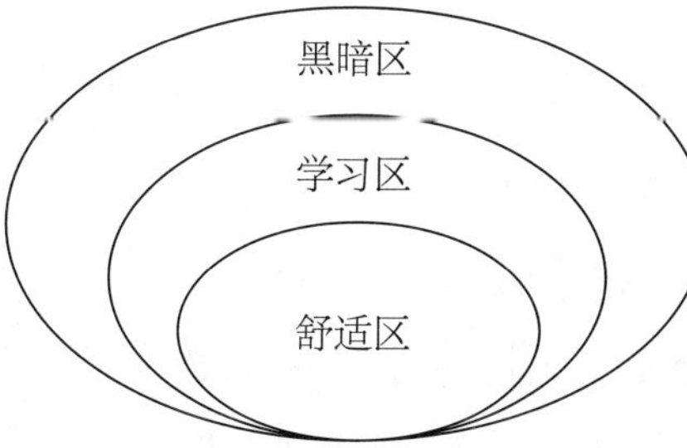 黑暗区 学习区 舒适区	1. 大部分题都看得懂； 2. 其中一部分肯定能做对，及格不成问题； 3. 经常出现小疏漏，丢冤枉分； 4. 偶尔能做对最后的大题

续表

	知识边界	特点
学渣	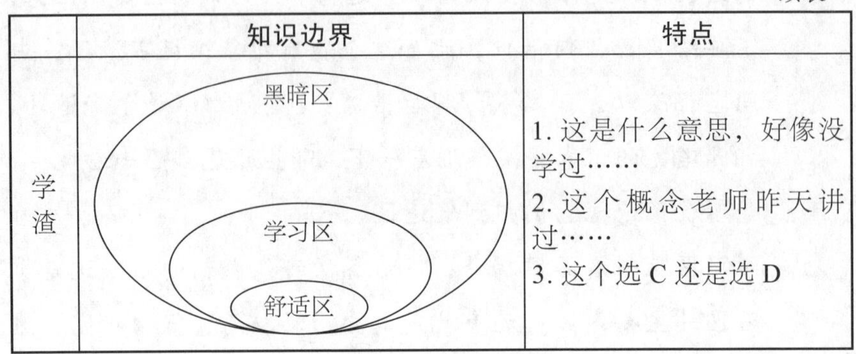	1. 这是什么意思，好像没学过…… 2. 这个概念老师昨天讲过…… 3. 这个选 C 还是选 D

1.2 找准学习区

再总结一下：你确保 100% 能拿分的区域，才是舒适区。其他经过努力，勉强拿分的就是学习区。从学渣到学霸，是不断扩大舒适区，压缩黑暗区的过程；而从学霸到学神，就是彻底消灭黑暗区，把所有高考题目都变成舒适区！

说到这里，可能有同学要问了，高中三年那么多知识，让我区分开也很不容易啊，分着分着我自己就乱了。放心，作为过来人，我有省力的方法，不用单独占用时间。

1.2.1 一卷一世界

试卷是最公正的，会做就拿分，不会做就扣分，所以试卷是确认学习区的第一工具。每次考试后，我都要反复研究试卷，对于舒适区，直接略过，时间都放在学习区。

最开始可能会觉得比较痛苦，因为学习区的题目太多，自己怎么都忙不过来。这时就需要培养你的“软实力”了，具体方法会在第 4 章中介绍。

1.2.2 充分预习

很多人上课效率不高，是因为没有预习。老师讲课的时候，前面听了几分钟，发现已经会了，然后一走神，后面就接不上了，导致本应在课上解决的问题，留到了课后，如果课后再没解决，很可能就跑到了学习区。

为了避免这个问题，就要提前预习，不用花太多时间，15 分钟就够了，把第二天的课程浏览一遍，知道哪里是难点（学习区），做好标记，这样上课就有目的了。

1.2.3 错题本是核心

相信大家都有错题本，其实仔细想来，错题本对应的就是我们的学习区。不过随着时间的推移，错题本也是逐步进化的，有些题目已经解决，进入舒适区，就没必要出现在错题本中了，要及时标记出来，防止浪费时间。错题本的使用原则：

- 一定要自己制作，不能抄别人的，因为每个人的掌握程度不一样，因此错题本是极度私人的东西。即使平时考分和你接近的同学，他的错题本也不适合你，比如你擅长立体几何，而他经常在这部分丢分。
- 随时更新错题本，包括增加新题目和删除会做的题目两部分，一个都不可少。
- 重要考试前，要把错题本过一遍，查漏补缺。

写到这里，建议你看看错题本，是不是崭新的，如果是的话，那么恭喜你，错题本白做了，一点用都没有。关于错题本的用法，我们会在第 5 章进行介绍。

1.3 正视黑暗区

读完一道题，完全无从下手，这可怎么办？恭喜你，碰到黑暗区了，这时候也不用垂头丧气，因为大部分同学都有黑暗区。毕竟高考是选拔性考试，一定要把人分出三六九等，然后有人上清华北大；有人上天大南开；还有人上 ××× 职业学校，如果所有人都考满分，就没法区分了。

对于黑暗区，我的建议是，可以暂时不管，先攻占学习区，等掌握学习区的知识后，你会发现，黑暗区没有那么难，不知不觉中，它变成了学习区。

这里要纠正一个误区，有同学不怕困难，勇往直前，上来就冲刺黑暗区，比如数学的最后一道大题，费了很大力气，成果却很小，而且自信心很容易受打击，造成“我怎么努力都不行”的感觉。

1.4 会做的一定要拿分

前面分析了那么多，都是为了“会做的一定要拿分”，再重复一遍“会做的一定要拿分”，如果你做到这一点，考上重点大学是没问题的。

我高二的同桌，平时不爱说话，但是比较贪玩，平时上课爱做些小动作，但是成绩还不错，属于中等偏上。有一次数学课的时候，我突发奇想，暗自和他比赛。老师根据新讲的内容留了两道题，让大家课堂上完成，我立刻集中精力答题，结果没想到同桌比我做得还快，这让我很吃惊，于是检查他的计算过程，发现完全正确。我不服气啊，于是在后面的物理课、化学课也比了一下，结果是我完败！

没想到身边隐藏了个高手，可是为什么一到考试他就不行了呢？我终于在期中考试的时候揭开了答案：他绝大多数题都会做，但是总有些小疏忽，而且错误很随机，最难的题他做对了，但是前面一些较简单的填空题反而做错了，导致总分不高。这是一个典型的“马虎”学生，他的边界应该是这样的：

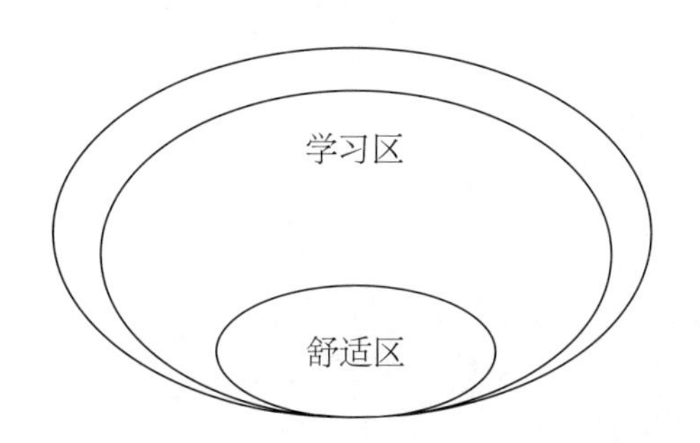

可以说，他的黑暗区很小，但是因为马虎，导致学习区巨大，最后的考试成绩只能是中等。当时我只是隐约觉得他有问题，但是不像现在这么清楚，其实他是一个很有潜力的学生，能在很短时间把总分提高到600分以上的，可惜没有人指导他，最后他高考总分只有500多分，考了一所普通大学。

那么“会做的一定要拿分”需要做到什么程度呢？就是消灭学习区，尽力减少黑暗区，我高考的时候，达到了如下图所示的水平。这里为了看得清楚，所以保留了学习区的那个圈。其实当时我已经做到考完试，就知道自己能得多少分了。

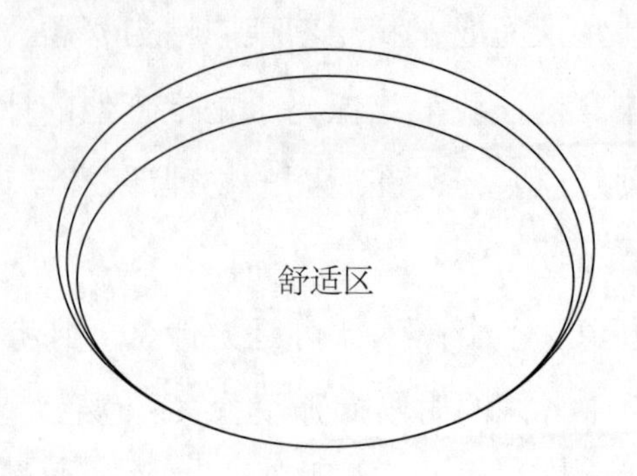

第2章 关于高考的错误认识

买了这本书的人，都是想提高成绩的。很多人每天看书到夜里12点，但是效果并不好。在动笔之前，我调查了很多同学，发现考分低的人有几个共性问题，在这里和大家分享一下。

2.1 我智力不行，和学霸相差太多

相信各位都有这种体验：遇到一个难题，你研究了一节课都不得要领，但是把它拿到学霸那里，人家几分钟就搞定了。这时你会有一种挫败感，真是不如人家啊！次数多了，就从心里认输了：他是学霸，我只能做个普通学生。

如果你观察学霸，会发现他的学习时间和你一样，甚至玩得比你还要多，但是人家的分数就是高。这时最容易得出的结论就是，学霸聪明，智力强，是普通学生不能比的。真是这样吗？先讲一个我自己的故事。

我有一个弟弟，他比我小3岁，同样的爸爸妈妈，同样的老师，最后我考上了清华，猜猜我弟弟考到了哪里？

北大？

南开？

×× 科技大学？

……

你绝对想不到，我弟弟小学都没毕业，只上到了小学四年级。他看电视的时候，还有一些字要靠蒙，因为他没学过。

为什么会这样？他的智力比我差吗？当然不是，上大学的时候，我专门分析了我们的区别，差异出现在小学二年级的时候，我因为之前被妈妈表扬过，所以总想再被表扬，对学习很上心；

而弟弟没有这种正向激励，不把学习当回事，混日子，极端情况出现在三年级，他居然半年没写作业，等到父母发现的时候，已经追不回来了。因为是农村，不上学的孩子很多，所以弟弟在11岁的时候就辍学了。

写这个故事，是向大家说明，在学习这条路上，智力只占一小部分，通过努力，再配合合适的方法，每个人都可以考上重点大学。那么，你真的努力吗？

2.2 你只是看上去很努力

"书山有路勤为径，学海无涯苦作舟"，相信每个同学都对这句诗牢记于心。但是你真的努力了吗？每天的心思都在学习上吗？我观察了很多人，其实大部分只是看起来很努力而已。

2.2.1 小刚的一天

新学期开始了，小刚精神抖擞，暗下决心，不能像以前那样了，一定要好好学习。早上醒来后，拿出手机，在朋友圈发了句：**不要让爱你的人失望，加油！**

第一节是语文课，刚开始几分钟他还能听进去，感觉挺简单，后来不知不觉走神了，想起了鹿晗；想起了TFBoys……然后就下课了。课间休息的时候他有些懊恼，觉得不该走神，要认真听讲。

接下来是数学课，他打起了十二分的精神，可是老师讲的是什么东西，怎么听不懂？在全班最安静的时候，小刚突然灵魂出窍了：先是耳朵失去了听觉，后来视觉也有些模糊。渐渐地，模糊变成了黑暗，在同桌轻轻的嘲笑声中，他才发现自己好像打瞌睡了。呵呵，赶紧坐端正！看看其他同学，都认真听着呢，咱也别落下，想着想着，眼前又是一片黑了，终于睡着了。

……

就这样糊里糊涂中，正课都上完了。吃晚饭的时候，小刚感觉很不好，觉得今天浪费了，似乎没学到什么东西。不过没关系，还有晚自习，要把白天落下的补回来。他又在朋友圈发了一条：**语文、数学、英语、物理、化学，一个都不能少，加油！**

晚自习开始了，小刚先做数学作业，第一道题比较简单，轻松搞定；第二道不会，先跳过去；第三道不会，先跳过去；第四道不会，再跳过去……

算了，还是先做物理作业吧，可又重复了数学的循环。折腾了3节晚自习，作业还没做完，看来晚上要熬夜了。

小刚回宿舍里，找学霸借了作业本，本来想学一下，结果发现时间不够用了，用了半个多小时把所有作业都抄完，终于松了口气。又发了个朋友圈：**熬夜也要把作业完成，晚安！**

2.2.2　朋友圈能帮你什么

小刚是“看上去很努力”的典型，他就是传说中的学渣，能考上三本就不错了。“有志之人立长志，无志之人常立志”，小刚就经常做计划、定目标，但是绝大多数计划都没有完成。

我发现一个现象，学霸很少在朋友圈、微博、贴吧上面发文，他们都是埋头苦干型。反而学渣更容易在网络上煽情，自己感动自己，看看贴吧上：

冲刺高考，最后200天，不管成绩好坏。我们一起努力！

早起签到，我有决心，如果你愿意，可以和我一起。

只要你现在努力，一切都不算晚。

高考物理如何提高，理综如何提高。

对于这样的同学，我用东北话告诉你：别整那没用的，滚回去看书。要想成绩好，把功夫用在学习上，考分的高低是和你的知识量成正比的，有一个公式：

知识量 = 学习效率 × 有效学习时间

看看前面的小刚，他基础差，本身学习效率就很低；因为听不懂，结果上课容易走神，导致有效学习时间很短。所以同样是一天 10 个小时，别人能掌握 10 个知识点，而小刚只能掌握 3 个，这样日积月累，他就变成学渣了。

对于看上去很努力的人，有一个学名：拖延症。每天都在焦躁中度过，每天都对自己不满意，但是无力改变。本书将在后面详细分析解决方法。

2.3 使蛮劲是不能成为学霸的

想象这么一个场景：今天物理和化学留的作业很多，第二天还要考英语，同学们吃完晚饭后，开始了晚自习。

情景 1

小明英语学得不好，每次考试都在及格线上下，因此他想利用晚自习好好复习，打个翻身仗。晚自习第一节课有物理考试辅导，但小明觉得还是应该先搞定英语。他拿出英语课本，背起单词来。背了 10 多分钟，感觉效果不太好，于是想在纸上默写，然后就找作业纸、找圆珠笔，顺便和同桌说了两句话，一不小心半节课就过去了。

这时他突然想到还有几个语法没弄明白，想通过几个习题巩固一下，找到习题集，做了15道题，然后一对答案，有10道题正确，勉强及格，但离目标还差很多。关键问题是，不知道为什么做错了，甚至对的10道题自己也不知道为什么对，正在发愁的时候，下课铃响了。

小明出去溜达了一会儿，感觉脑子清醒了一些，同时给自己鼓劲：下节课一定弄明白英语，留下最后一堂课做物理作业和化学作业。

第二节晚自习开始了，小明又背了15分钟单词，做了一个课堂试卷，这次80%都对了，感觉很不错。

只剩下最后一节晚自习了，小明开始突击物理作业和化学作业，结果发现物理作业中有一道题死活做不出来，他是个有韧性的孩子，一头扎到这道题中，用各种方法尝试，终于在下课前解决了。可是其他作业都没有完成……

情景2

小亮做事很有条理，在晚自习之前就列出了自己要做的事情，主要有：

- 第二天的英语考试
- 物理作业
- 化学作业
- 预习明天的课程
- 有时间的话，解决一道数学难题

因为第一节课物理老师在，所以他先做物理作业，然后做化学作业，两门作业用了一节课时间。第二节课专门复习了英语，第三节课预习了明天的课程，因为时间来不及，所以没有解决数学难题，不过他觉得收获不小。

情景 3

小红很聪明，老师讲的内容一听就懂，做作业也很快，所以她晚自习最轻松。小红的晚自习计划和小亮一样，第二节课刚下课，她就把计划完成了。到第三节课，她做了一套数学试卷，一对答案，95 分（满分 100 分），感觉很不错。

这三种情景，似乎对应了三个级别：学渣、中等生、学霸。你错了！在我看来，他们都是中等生，只是 400 分和 550 分的区别而已，远没有达到学霸的水平。

跟我读一遍："使蛮劲是不能成为学霸的。"这三个同学都是如此。他们忙忙碌碌，全身心投入学习，有时甚至比学霸投入的精力还要大，可他们依旧成不了学霸。学习成果有两个维度的指标，即

学习成果 = 巩固旧知识 + 掌握新知识

在这里，旧知识（舒适区）应该越做越快，而且保证 100% 的正确率；新知识（学习区）要能和旧知识融合到一起，争取用最短的时间把它们也变成旧知识。

- 在情景 1 中，小明的成绩只会越来越差，即使他熬夜、认真听讲也是如此，除非改变学习习惯。
- 在情景 2 中，小亮仅仅完成了基本工作而已，可以成为中等生。因为他的计划中少了一环，就是扩大舒适区。他需要刻意训练，以提高答题速度；而且对新知识和难题的掌

握不足，导致他在考试中很难解决后面的大题。

- 在情景 3 中，小红有潜力成为学霸，可如果她始终对 95 分满意的话，那她只能是个中上游的学生。她需要给自己限定时间，比如 20 分钟做好一套试卷，而且要求满分，这样才能进一步提高。

前面这三种情景中，都遗漏了一个重要的东西，好好想想是什么，老师经常提起的，学习区必需的东西？

错题本！

第 5 章会讲解错题本的神奇用法。

2.4 考上好大学也没什么用

提前声明，这里只针对普通家庭，“官二代”“富二代”可以跳过此节。我做辅导的时候，经常和学生们聊天，发现很多人有这个想法：

大学都差不多，即使清华北大也有很多逃课的，老师也不负责任。

马云，毕业于杭州师范大学，不也成了中国首富。

乔布斯，在里德学院仅读一个学期之后就辍学了。

我的邻居 ×××，没上过大学，不是照样把公司做得很好。

他们说的似乎很有道理，不过仔细想起来，问题太大了。

2.4.1 幸存者偏差

这里我提一个心理学现象“幸存者偏差”，这是什么意思呢？当取得信息的渠道，仅来自幸存者时（因为死人不会说话），此信息可能会存在与实际情况不同的偏差。举一个例子：

现在创业如火如荼，媒体上也经常报道各种成功案例，比如三个爸爸空气净化器众筹 1 000 万元、大众点评网获得了 8.5 亿美元投资、小米估值 450 亿美元等，似乎创业的人都风光无限，拿风投如探囊取物。实际情况呢，是大部分创业者挣扎在死亡线上，根据国家工商局的统计，中国近五成的企业年龄在 5 年以下，其中有 1/3 的企业不到一年就倒闭了，这些失败者是没有发言的机会的，你看到的都是那些幸存者。

具体到大学里面，因为三流大学的基数大、学生多，会有一些冒尖的人出现，肯定有超过名牌大学的。相当于三流大学的 300 万人去 PK 清华、北大的 8 000 人，结果可想而知。再扩展一下，未来 10 年的中国首富中，是清华北大毕业的多，还是三流大学毕业的多？我的答案是三流大学的多。

但是有这个结论又如何？你能保证自己是这 300 万人中的那个顶尖高手？那些在三流大学做出事业的人，肯定有他独到的地方，比如父母很厉害、能抓住机会、能吃苦、沟通能力极强等，不是普通人能比的。如果你连高考这个最单一的指标都拼不过人家，凭什么一定能比人家做得好。

2.4.2 老师决定你的眼界

读大学之前，你主要从老师和父母身上学习，他们逐渐让你形成自己的理想，这个理想比较简单，就是考上 ××× 大学。但是上大学之后，能影响你的是老师和同学。你面对的是多元化的世界，学习只是其中的一部分，如何形成完整的价值观、兴趣爱好、核心竞争力，这是更重要的。

好大学的老师能接触更多的前沿课题，和大企业交流的机会也多，在上课的时候会不知不觉地渗透进去，布置的作业更有前瞻性。而二、三流大学的老师水平低很多，甚至只会照本宣科，学生的问题都解答不了。

我的高中同学，在成都电子科技大学的时候读电子系，对数字逻辑很感兴趣，因为学得好，其间获得了大公司的实习机会，因此技术突飞猛进。大学毕业后，他想读个研究生，再深入学习一下，结果考研成绩一般，被分到了一个普通的教授那里。面试以后，他直接放弃了研究生的学习，我问他为什么，他说："这个导师掌握的知识，都是上一代技术，马上就要被淘汰了，和他学没前途。"

我这个同学是幸运的，他有了自己的判断力，因此没有在"庸师"那里浪费时间，而高中则不同，考到二、三流学校，只能听天由命，很有可能因为一个老师就丧失了专业兴趣。

2.4.3 同学决定你的未来

心理学有一个名词"从众效应"，是指当个人受到集体的影响，会怀疑并改变自己的观点和行为，朝着与大多数人一致的方向变化。而在大学中，离开了家庭的约束，同学们一起上课、一起活动，大家都在观察其他人在干什么。

如果你的同学都逃课，考试作弊，你会怎么办？

如果你的同学都在打游戏、抽烟、喝酒、烫头，你会怎么办？

如果你的同学都在做科研，努力刷分，你会怎么办？

如果你的同学都在实习、做兼职、创业，你会怎么办？

想象一下，你早上每天起来背单词，但舍友一个个鼾声如雷，你可以坚持一个月，但接下来的两个月、三个月，你会觉得非常疲惫以至于无法继续坚持，然后开始找借口：今天下雨了，我也睡一会儿吧。就这样自己一天一天地懈怠下来，用不了半年，你也就和其他舍友一样了。一个烂大学毁掉的不仅是你的学习热情，还有你整个积极向上的品质。

这只是在大学4年的经历，等到毕业以后，你可能会听到清华系、北大系这些派别，可能某个公司的中上层大部分是清华的，他们更愿意照顾学弟学妹，那二、三流大学的学生呢？排到后面吧。

2.4.4 别为自己的无能找借口

王小波说，人的一切痛苦都源于对自己无能的愤怒。因为成绩不好，又不愿意承认，于是炮制出了各种借口：

考上好大学还不是一样找工作；

数学老师教得不好，所以我数学才不及格；

同桌爱说话，总打扰我；

这次试卷太难了，好几个考点都没复习到。

前面严肃地说了好大学的优点，其实最后这段才是本节的重点。放下你的面子，放下酸葡萄心理，端正心态，多向老师请教，多向同学请教。不要以为自己是差生，老师就不愿意理你，其实高中老师有升学压力，他们都是很负责任的，巴不得你天天去问问题。

2.5 惧怕某一科

英语单词太多了，我都记不过来。

物理不适合女生，我们班的小红、晓霞的物理成绩都不好。

数学考得这么深，以后也用不到，学它有什么用？

高中真没意思，每天只有学习，我们多彩的青春都埋没在考试中了。

相信你身边一定有这样的同学，每天抱怨个不停，而且经常用期待的眼光看着你，希望得到你的认同。遇到这样的人，可能你会觉得他说的有道理；或者出于礼貌，敷衍地附和两句。这时一定要小心了，你很可能被他拖入抱怨的陷阱中。

我有一个高中同学小美（假名），她学习非常努力，各科比较均衡，都是100分以上。高二的时候调换座位，她的新同桌物理学得很差，而且是个爱抱怨的人。当时我正好坐在她们后面，经常听到她同桌说“又要上头疼的物理课了”“物理老师总是讲不明白”“物理作业真难！”类似这样的话。慢慢地，小美吸收了她的负能量，也觉得物理是个不可逾越的大山，从心里惧怕物理了。最后的结果是，她高考物理成绩只有80分，只能上一个普通大学。

2.6 不要以为你有主角光环

所谓主角光环，也可以叫主角不死定律。比如成龙的电影，不论他前期被虐得多惨，最后都能翻盘；唐僧被抓了*N*次，最后依然没被妖怪吃掉。但现实会这样吗？主角之所以不会挂掉，因为导演需要他推进情节，我们只关注到了主角，君不见一批批配角的悲惨遭遇。想想西游记中的妖精们你就知道了。

这句话是写给高一、高二同学的，因为我们看了太多的励志故事：

某某的表兄平时学习不用功，到最后三个月突然意识到大学的重要性，然后奋起直追，很快进入年级前三名，高考又超常发挥，最后被清华录取。

上届学长家庭困难，连鸡腿都舍不得买，可是他知道家里不容易，于是边打工边学习，学习时间比别人少，成绩却比别人高很多。

隔壁班的学习委员早恋，居然不耽误学习。

因为这些人的存在，可能你也会觉得自己是特别的，暗自以为，别看我现在不行，一旦日后发飙，前途不可限量。可能还会总结出自己的几大优点，比如聪明、记忆力好、有独特的解题思路等，于是每天混日子，期待最后逆袭，扬眉吐气。

读到这里你要问问自己这几个问题了：

等到你想逆袭的时候，别人都不努力了吗？

数学300个知识点，现在你只掌握了50个，你能在两个月把剩余的250个全部搞懂吗？

别人会不会也觉得自己是主角，凭什么你就是唐僧，而别人只能当妖精？收起幻想，赶紧拿起课本做题去吧。

第3章 把时间当作朋友

高考什么最宝贵？时间！高中只有三年，对每个人都是公平的，可为什么有人能考 650 分，而有的人只能考 300 分？差别就在时间的利用上。

3.1 不得不说的几个规律

关于时间管理的书很多，其实里面都是重复以前的研究成功方法。我知道同学们都很忙，因此在本节中，列出时间和学习相关的 3 个主要规律，其中都给出了简单的图示，你可以自己对比一下，看看哪里需要提高。

3.1.1 一元线性回归方程

考上清华以后，很多学弟学妹咨询我，同样是上一天的课，为什么我掌握得这么快，而他们总觉得时间不够用？当时我很纳闷，因为我没有刻意做过规划，就是顺其自然地学下去了，最后反而比那些用了很多方法的同学分数高。为什么会这样？

用个形象的比喻，我们掌握的知识基本遵循一元线性回归方程：

$$Y=A+BX$$

其中：

- Y 代表你的知识总量；
- A 代表你学习的起点值，也就是上高一的第一年，你的知识储备；
- B 代表学习效率；

➢ *X* 代表学习时间。

这里 *A* 大于零，因为不管多差的学生，怎么也知道一加一等于几吧；*X* 对大部分同学是均匀的，每个人的一天都是 24 小时。真正有差异的在 *B* 上面，下面列出几个典型代表。

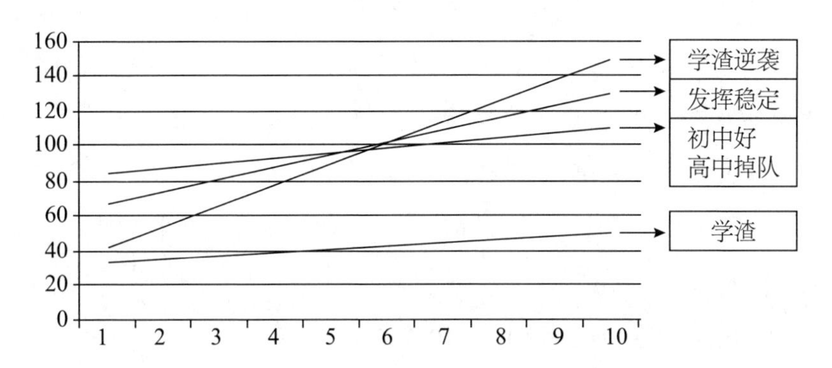

我每次考试都在 140 分以上，因为我的学习效率很高，能当堂解决老师的问题，作业也就偶尔有难到我的，用心研究一下就搞定了，所以同样是学习一天，我掌握的知识远高于其他同学。

这里要注意两个问题：

（1）这个学习曲线只是理想形式，大部分同学的学习曲线是断断续续的，中间大段时间没有任何进步，也就是说在这段时间内 $B=0$。因为那时候他在看手机、玩游戏、做无用功。

（2）事实上，知识的积累是呈指数增长的，本节为了简化，为了更方便对比，所以采用了线性方程进行比较。在下一节中，你将会理解为什么说知识是呈指数增长的。

3.1.2　相信“复利”的力量

“复利”是个经济学名词，又叫利滚利、以利生利。复利是对本金及其产生的利息一并计算，也就是利上有利。与其对应的名词是单利，也就是只有本金有利息，而产生的利息就不再有利息了。这段话比较拗口，不用着急，后面会有例子进行说明。

复利计算的特点是：把上期末的本利和作为下一期的本金，在计算时每一期本金的数额是不同的。复利的计算公式是：总收入＝本金×（1+利息）^{n}，它是呈指数级增长的。下面举例说明：

本金为 10 000 元，年利息为 10%，投资年限为 30 年，那么，30 年后所获得的总收入，按复利计算是：

10 000×（1+10%）^{30}=174 500（元）

如果不是复利，而是单利，每年 10% 利息的话，到 30 年后的总收入是：

10 000×（1+10%×30）=40 000（元）

也就是说，用复利计算，最后的收入是单利的 4 倍多！

为什么要用好几百字说复利？因为我们的学习曲线就是复利模式！刚开始的时候不显眼，越到后面威力越强大，这就是学霸越来越好，而学渣越来越跟不上的原因。比如老师上课讲了一个知识点 X，这个知识点需要用到之前学过的 A、B、C、D。

对于学霸来说：

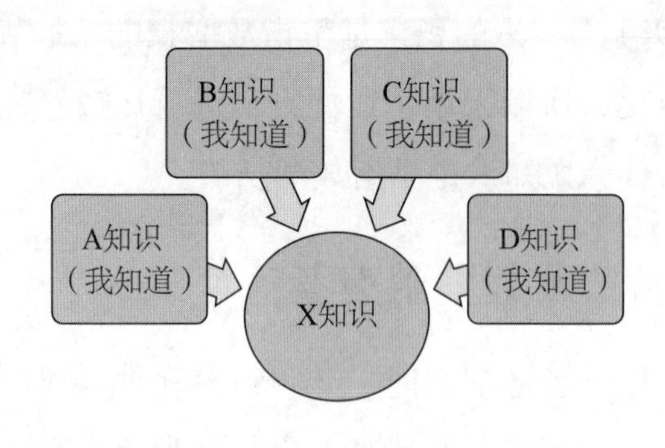

上完课，学霸已经掌握 X 知识了。

对学渣来说：

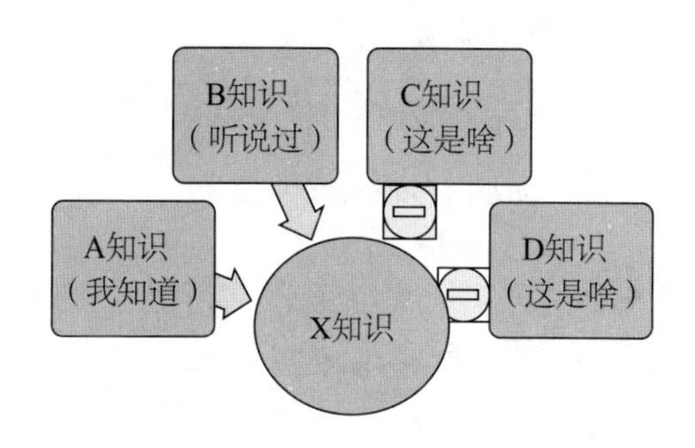

上完课，学渣还是不知道 X 知识为何物。等到第二天再学 Y 知识，而 Y 又要用到 X，于是学渣就彻底蒙圈了。

按照这个原理，学渣是不是永无翻身之日了？当然不是！这个原理的真正意义在于，强调了基础知识、课后习题的重要性。所有的大题、难题都有课后习题的影子。

在学习基础知识的时候，前面一段时间你可能感觉不到什么，等你把一章的关键点都搞懂后，再遇到相关的问题，就会迎刃而解。实际上，一章中的关键点不会超过 10 个，你用三四天足够搞懂了。这么学习两个月，你打下一定基础后，就相当于积累出了前面所说的 A、B、C、D，再往后学习会越来越快，越来越顺手。

3.1.3 记忆曲线

德国心理学家艾宾浩斯（H.Ebbinghaus）研究发现，遗忘在学习之后立即开始，而且遗忘的进程并不是均匀的。最初遗忘速度很快，以后逐渐缓慢。他根据实验结果绘成描述遗忘进程的曲线，即著名的艾宾浩斯记忆遗忘曲线如下图所示。

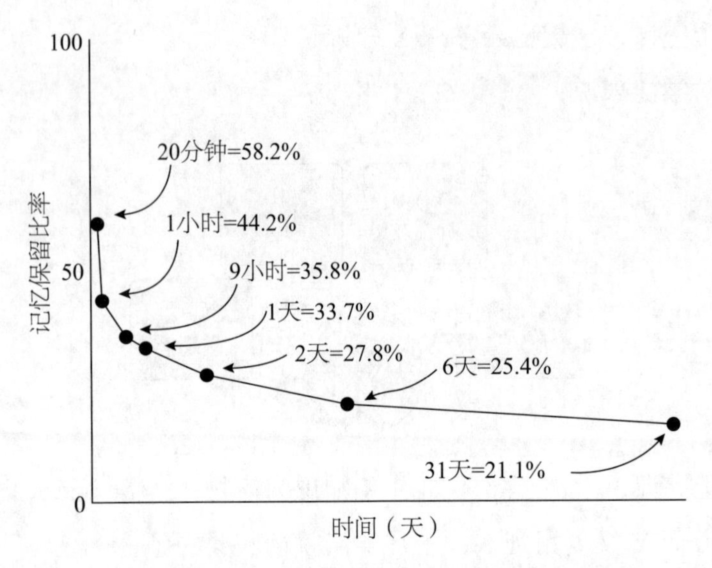

这个发现非常重要，很多同学总是说努力得不到回报，就是这个规律在作怪：

上课听老师讲题，感觉都明白了，过几天考试，还是不会。

昨天背了10个单词，今天早上就忘了一半。

上学期成绩还不错，到下学期突然跟不上了。

把时间当作朋友，我们就应该熟悉时间的“性格”，它是如此调皮，总给我们捣乱。但是知道它的特点以后，你就明白该怎么办了。和大家分享一个我的技巧：

因为身体不太好，所以我没有晚上熬夜看书的习惯，只是充分利用上课和晚自习的时间。我准备了一个小本子，每节课后，都会用一两分钟的时间归纳当堂课的收获，通常包括以下3种。

- 新学的课本知识：新单词、新公式、新成语等，这是基础，必须记住的。
- 新的解题技巧：可能以前我会做，但是又有更简单的方法、更好的思路。

- 容易犯错的地方：那些不起眼的错误，比如 $0.1 \times 0.1=0.1$，不要小看它，因为这样的小错，导致很多明明可以考 140 分的同学，最后只能在 120 分左右晃荡。

这里面的记录非常简单，只是个别关键字，只有自己能理解。在最后一节晚自习下课之前，我会把这个小本子拿出来，挨个儿看一遍，如果有记忆模糊的，就翻出原始资料，重新巩固，确保没问题后，才会走出教室。

这还不算完，晚上睡觉前，我会再次拿出这个小本，回忆一遍，这时可能还会有一两个记不清的，做下标记，第二天早自习的时候，把它解决掉。

3.2 有效学习

先看一个同学的抱怨：

现在的我，和原来比起来真是不同了，但结果却还是这样，不是说越努力越幸运吗，为什么我越努力越糟糕。从原来的每天完成老师作业，到现在的每天只睡 6 个小时，我真的很努力了，可为什么分数越来越低？我现在不知道该怎么办了，害怕结果会很惨，真的好纠结。

这个同学很有代表性，他肯定觉得世界都亏欠他。等到最后高考的时候，他的分数也不会好到哪里去。在 2.2 节我们说了一个“看上去”很努力的小刚，这个小刚，我们在下一章集中分析，此处暂时不表述。

假定这个同学没玩游戏、没有走神、没有睡觉，的确是一门心思扎到学习中了，可结果还是不好，为什么呢？

我观察过好多学霸，后来和清华的同学聊天也专门讨论过这个问题，发现这群人中拼命刷题的并不多，他们不自觉地运用了有效的学习方法，其单位时间的收获很大，从而在分数上超过常人。有效学习包括下面几个方面。

3.2.1 不断挑战自己的边界

学习，讲究的并不是谁学得最苦，或者谁的心最“诚”。有一个民间围棋高手，总觉得我国的棋手水平太差，居然连个韩国选手都搞不定，于是他到中国围棋协会，说要代表中国打败韩国。协会负责人不好意思打击他，就带了一位老先生过来，说你先和他下一盘，看看水平。结果那个民间高手一败涂地。他吃惊地问：这位高手叫什么？负责人说：他是传达室的王大爷。

为什么民间高手连个看门人都打不败呢？因为他始终在低水平重复，遇到的对手比他还差，所以也就限制了他的成长。

我们做题也是这样的，不要总在熟悉的题目中打转，遇到难题也要冲上去，尝试解决，你可能试了五六种方法依然没有做出来，但是没关系，这些方法在以后的题目中很可能会用到。

3.2.2 积极寻求帮助

有些同学死要面子，不好意思问同学、不好意思问老师，自己闷头解题，结果搞了一节课，还不如学霸的一句话。你可以观察自习课，到底谁愿意问老师问题，把他们问问题的次数和班级排名对一下，就明白了。

在这里我要说，问问题不丢人，考试排名落后才真丢人！

如果你能解开心结主动提问最好。如果还是觉得在班上问问题不好意思，那就求助父母，请家教，到家里来单独辅导，等毕业后，一个月就都赚回来了。

3.2.3 别让“好像会了”害了你

高中时，我经常给同学讲题，后来发现一个有趣的现象：有人经常向我问同一道题，上周给他讲完了，他听明白了，等到这周测验的时候，他又不会了。

这个同学做到了上一点：挑战自己的边界，但是挑战了以后呢？学习区还是那个学习区，没有把这道题收到舒适区去，最后只是“好像会了”。

如果你也存在这个问题，解决方法很简单：

第一，别看答案，自己从头到尾推理一遍，把解题过程写在纸上。

第二，针对每个步骤，厘清后面的原理，为什么要这么做。

第三，再做两道类似的题目，要确保不看答案，顺利做出。注意：不要借助任何人的帮助，要达到很快完成的程度，你才算真的掌握这道题了。

第四，把这道题收到错题本中，每过一两周，就在脑子中自己演算一遍。

3.2.4 不仅要会做，还要快！

这节是给未来的学霸看的，如果你能做出绝大多数题，也不要沾沾自喜。高考是有时间限制的，最后拼的是速度、是准确率。

如果拿出来一道题你就有思路，那就要训练速度了，同样一道题，别人用2分钟，而你只用1分钟，无疑会有更大的竞争优势，能节约出更多的时间去解决最后的难题。

我在做作业或者做试卷的时候，都会提前给自己规定好时间，比如一套英语试卷，除去听力和作文，用45分钟完成。这样强迫自己集中精力，快速想出答案。到高三下半年，很多英语单选题，我只要看选项，就知道正确答案是什么。

3.2.5 把背单词当成数钱

单词是学渣们心中永远的痛，因为背单词很枯燥，而且感觉无穷无尽，没有成就感。我上高中的时候，没想那么多，硬着头皮背下去了。后来才发现很多同学被单词挡在了重点大学门外。上清华以后，我们宿舍的一个同学给我算了一笔账，才发现背单词就是提前把钱存起来了：

重点大学的年薪比普通大学高50 000元，而且以后会越来越高，我们只计算工作前5年，一共会多赚250 000元，英语的分数占了总分的1/5，也就是说因为英语增加的收入是50 000元。

而高考大纲规定必须掌握的词汇量是3 500个，如果想拿到130以上的高分，那还要记忆一些超纲的单词，最后算下来需要4 000个左右。但是如果你不是傻子的话，平时上课也会记住1 500个单词左右。也就是说要考到130分以上，你需要费力记忆的有4 000−1 500=2 500个。换算一下：

50 000÷2 500=20（元）

也就是说，每记忆一个单词，你在未来就会多赚20元，多划算的事情。我把这件事和一个学生讲了以后，他很兴奋，背单词立刻有了动力，经常晚上给我发消息：张老师，今天我又赚了

400块！就这样，有时400块、有时500块，不到3个月，他随便打开一张试卷，里面的单词全认识了。事后总结，有了前期铺垫以后，他对很多单词触类旁通，记忆速度越来越快。

3.3 两种典型的情况

管不住自己的情况有很多种，这里选择最常见的两个：玩手机和失眠，相信大部分同学都受到过它们的困扰，我曾经也尝试过很多方法，最后才找到了终极解决方案。

3.3.1 总是忍不住玩手机、玩游戏

张飞是一名高三的学生，他看书的时候，注意力很不集中，有时坐在那里一节课，一页书都看不完。而且总是忍不住想玩手机，想上网看新闻、看小说。他边看新闻边想：世界那么精彩，为什么我要在这里苦熬？但每次玩手机后又有强烈的负罪感：以前也没见自己这么爱玩手机啊！为什么越是该紧张的时候自己却越想玩呢？

关于玩手机，有很多“貌似合理”的解决办法，我这里都列一下：

把手机锁到抽屉里。

下载计时器，限定玩游戏的时间。

设置复杂的锁屏密码。

……

可惜，这些方法都是行不通的，爱玩手机是拖延症的典型代

表，不是靠意志力能解决的。可能你会说，心情不好，压力大的时候，玩玩手机缓解一下。这是借口！我和上百个学生聊过，只要身边有手机，都会不自觉地想看一眼，看了第一眼就收不住了，刷刷朋友圈、看看小说，玩会儿游戏，一个小时就这么过去了。

要想摆脱它，只有一个办法：换掉智能机，买个只有通话功能的手机，除去打电话、发短信，什么都不能做的那种。

那怎么缓解压力呢？最好的办法是出去运动，打羽毛球、踢球、玩双杠，如果什么都不会，那就跑步，等你满头大汗回来后，会发现整个人神清气爽、精力充沛，比在那里玩手机强一万倍。

一个真实的案例：

高一的时候，张欣怡天天玩手机，没手机就手痒；高二分班后，她妈妈把手机收了，给了一部老人机用。前几星期，她就像犯了毒瘾一样焦躁、烦闷，总想看微博、看空间、登QQ。就这样过了4个星期，她在不知不觉中发现，没有手机的日子真的超级充实，成绩也噌噌地向上涨，可开心了！

3.3.2 失眠

比起床晚更可怕的是失眠，这和勤奋无关，和心理素质有关。

不瞒各位，我曾经也是严重的失眠症患者。在一次高二期中考试的时候，我感觉把一个数字弄错了，可能会影响一道大题的得分，于是就莫名其妙地担心起来，出现了第一次失眠。第二天晚上担心再出现失眠的情况，精神高度紧张，于是第二次失眠又光顾了。接下来的3个月中，失眠搞得我精疲力竭，后来到医院开了安定，还有其他一些药物，但都是开始管用，慢慢就不管用了。

但最后我还是把失眠君给打败了，不是靠药物，而是靠自己。当用各种药物无效的时候，就只能自己想办法了。当时互联网还没有那么发达，我请教老师、请教医生、请教父母，什么方法都试，最后发现下面的方法最管用：

（1）晚自习以后，在外面慢跑10分钟，身体微微出汗即可，跑步的时候看看周边的灯光、往来的同学，观察他们的特点，清空大脑。

（2）到宿舍后，用稍微热一些的水泡脚，全身放松。

（3）喝半杯热牛奶，注意别喝太多，不然半夜跑厕所就郁闷了。

（4）即使睡不着，也不要起来看书，否则会使大脑更加兴奋，导致第二天效率低下。

（5）如果宿舍不安静，可以买眼罩和耳塞，淘宝上很多，几块钱搞定，很有用。

（6）大脑特别兴奋的时候，可以听英语磁带，把注意力集中到英语环境中，不知不觉就困了。

（7）睡觉前不要看手机，尤其是熄灯以后，因为手机的亮光会刺激大脑。

以上七条都是外部调节，即使你都做了，还有可能会睡不着。我曾经一度感到绝望，绝望到暴躁偏激、情绪崩溃，看到什么都想踹一脚，看谁都不顺眼。有一大，我突然顿悟了，失眠算什么，我倒要看看你能嚣张到什么时候，于是闭目养神，睡不着也是休息。不管折腾多久，我也不看时间，就这么躺着，后来发现折腾的时间越来越短，不知不觉中失眠君离我远去了。

注意：每个人的特点不同，上面的方法欢迎尝试，但不一定

百分之百成功，要根据自己的特点来总结。比如有人听英语睡不着，有人带耳塞觉得别扭，那就赶紧放弃，寻找其他方法。

3.4 你会听课吗

老师在课堂上讲的是同样的内容，台下的学生大部分在认真听讲、认真做笔记，但为什么有一半的学生依旧搞不定课后题？

这里面有一些客观原因，比如有人提前预习了；有人基础知识掌握得好；有人很聪明，一点就透；等等。这是没办法的事情，不在本节的讨论范围。本节关注的是，在客观原因类似的情况下，为什么还是有人吸收得多，有人吸收得少？

3.4.1 自以为是的大脑

这要从人类的大脑说起，人们讲话的速度大大低于大脑思考的速度，所以学生在听讲的时候很容易产生走神的现象。就好像计算机的 CPU 接收键盘输入一样，学生的大脑会认为自己有足够的能力运行“多任务”。

刚开始走神的时候，时间不会太久，也许只是几分之一秒，然后又回到课堂上，大脑神游归来后发现自己并未错过什么重要的东西。于是大脑又开始自动走神，这次可能时间要久一些，因为在上一次已经证明过自己“游刃有余”。再次回来后，大脑还会印证自己没有错过什么，于是走神的次数越来越多，时间越来越长……如此这般下去，很快就发现跟不上老师的思路了，因为中间已经漏掉了很多知识。

3.4.2 你该怎么办

这种现象是普遍存在的，无论你是学渣还是学霸，肯定都有走神的经历。那么正确的听课方法是怎样的？

第一，承认现实，因为每个人都会走神，所以当你走神的时候，不要懊恼，让时间在懊恼中白白溜走是愚蠢的做法。

第二，如果你走神严重，可以去医院做一下体检，身体素质不好、睡眠不好、缺锌的人容易注意力不集中。

第三，不要对老师有偏见。一个高中生，因为不喜欢数学老师讲课的语气，所以一上数学课就从心里烦躁，使得平时考满分的数学成绩变成了 80 分，这是多么不值得。

第四，提前用 10 分钟的时间，预习一下知识点，找到自己不熟悉的地方，这样上课的时候可以有侧重点地听课，把难点吸收进来。

第五，在预习的基础上，可以边听课边预测老师的讲解，你可以猜想老师如何证明一个问题，这样会强迫大脑高速运转，如果预测对了，你会更加自信；如果预测错了，你会更加集中注意力，研究老师到底是怎么讲的。

第六，上课积极回答问题，这不仅仅是爱表现，而是不断获得正面激励、刺激大脑缩短走神时间的有效手段。

以上六点中，前面四点是普通学生能做到的，而后面两点是非常难的，也是学霸和学渣的区别所在。

我上学的时候，为了争第一，经常观察我们班的前三名，发现他们全部是课堂的活跃分子。有时候即使没举手，老师也会惯性地向他们提问，于是他们更不敢懈怠，在不断的强化之下，他们上课时精力极其集中，吸收的知识也远大于其他同学。

3.5 “7+1>8”

著名教育专家、全国优秀教师王金战老师，曾经介绍过一个经验，用公式表示为“7+1>8”，是指每天 7 小时内认真学习，坚持 1 小时体育锻炼，其效果大于 8 小时的学习效果。这个公式在他的班级中得到充分的证明：2003 年他所带的一个班，一共 55 人，其中 37 人进了清华、北大，10 人进了剑桥大学、牛津大学、耶鲁大学等名校，其余学生也考入重点大学。

要是我早知道王老师的经验就好了，因为不注重体育锻炼，在高三下学期的时候，我的成绩慢慢下滑，差点没有达到清华的录取分数线。

就在搞定失眠君之后的两个月，我感冒了，总是咳嗽，医院建议暂停晨跑，把身体养好以后再锻炼。于是在大家都跑步的时候，我一人在教室里学习。意外获得了这个特权，我像捡到了宝一样，比其他同学多做半个小时的题，这样我的成绩会越来越好啊。到后来，即使感冒已经好了，我还是推脱没好，不去跑步，这样拖了一个月，终于……又感冒了。

接下来就悲催了，我在“感冒→休息→再感冒→再休息”的循环中度过，每天都在吃药，幸好那时候离高考只有两三个月，凭着之前的积累，还能维持在年级前三名。如果时间再长两个月，估计就进不去清华的大门了。

在高中的时候，我还没有意识到这个恶性循环的危害；到大学以后，我对这件事耿耿于怀，看了相关的书，才发现自己当初是多么蠢。

这个道理很简单，同学们一定要注意：

晨练很重要！

体育课很重要！

跑步很重要！

3.6 充分利用零碎时间

鲁迅先生说，时间就像海绵里的水，只要愿挤，总还是有的。相信同学们已经把这句话背烂了，不过到底怎么挤呢，很多人就一头雾水了。首先，要明确下面的做法是绝对错误的，不能用：

（1）挤占老师的讲课时间，拆东墙补西墙。典型表现是上语文课做数学作业，上数学课做英语作业。本来写作业就很累了，还要提防老师，搞得自己苦不堪言，最后导致效率低下。

（2）熬夜看书。晚上学习到半夜一两点，结果白天犯困、没精神，课上学习效果差，完不成作业，晚上再熬夜，形成恶性循环。

（3）牺牲体育课时间，去学习，参考上节的“7+1>8”。

那么还有哪些零碎时间可以利用呢？其实还是有不少的，比如从宿舍走到教室的路上、打饭的途中、晨跑的时候。

我这里有个小技巧，把自己要做的事情用纸笔罗列出来，看看哪些任务是简单又机械的，而另外哪些任务是复杂的，然后尝试把复杂的任务和机械的任务结合起来一起做，举例如下：

简单机械的：跑步、走路、坐车、上厕所、散步、爬山、洗澡、刷牙……

复杂的：记单词、背公式、整理解题思路、记化学反应方程式……

因为我是农村的孩子，寒假和暑假要帮家里干农活，而这些农活都属于“简单机械”一类，因此我就充分利用这段时间，把大部分单词都背下来了，这样上课以后就减轻了学习压力。

另外，在学校的时候，我随时准备一些小字条，不用管好不好看，随便撕一块就行，在上面记几个单词、几个生僻字，随时看看，当天消化，用完就扔，每天积累一点，慢慢就和其他人拉开了差距。

第4章 学渣如何逆袭

写这本书的时候，我考虑了好久，到底谁会看它？后来也做了大量的调查，发现学霸们都有自己的一套方法，不会轻易使用别人的技巧，对于这本书，甚至连翻看的兴趣都没有。真正对这本书感兴趣的，应该是500分以下的同学。尤其是挣扎在“死亡线”上的学渣们。因此我专门编写本章，为学渣量身定制。

4.1 解剖拖延症

迪克牛仔这样唱道:“有多少爱可以重来,有多少人愿意等待,当懂得珍惜以后归来,却不知那份爱会不会还在?”

爱,或许还有可能再回来,但时间却无法倒退,高中一共3年时间,对每个人都是公平的,时间到了就要去参加高考,谁也躲不过去。

4.1.1 拖延症是个普遍现象

首先要明确,拖延症不仅仅是高中生的专利,从学生到科学家、从秘书到总裁、从家庭主妇到销售员,拖延的问题几乎会影响到每一个人。一个班40人,至少一半人有拖沓的习惯,因此你不必为此内疚、烦恼。

我也有这个问题,为了写这本书,我从2015年上半年就开始规划,整理大纲、收集素材、采访学生,表面上做了很多工作,但就是迟迟没有进入写作阶段。2016年春节,我们一家去三亚休假的时候,我还带了一本高考数学辅导书,想自己做题体会一下,这样才能把书写好。等休假回来,出版社催我稿件,我突然意识到这个问题。不是我没有准备好,而是我害怕失败,因为牛皮吹出去了,万一写不好,那就意味着失败;而如果始终没有开始,那就不会失败了。为了克服这个问题,我在上班后第3天就开始写作，而先前预想的那些困难并没有发生，不到半年时间，这本书就完成了。

4.1.2 你为什么会变成“拖拉斯基”

为什么明明知道拖延症的坏处，很多同学还是变成了“拖拉斯基”呢？我们的自制力就真的这么差吗？关于这个问题，心理学家研究了很多年，关于拖延症的书籍也出了很多。其实在我看来，拖延症是符合人性的，归结到最后是四个字“趋利避害”。下面详细分析。

（1）立刻得到满足感：人总是倾向于让自己立刻就“爽”。比如晚自习的时候，先做简单的作业，把难度高的放到最后。即使做简单作业的时候，可能还会先和同桌聊两句，或者看会儿手机，就在这不知不觉的排序中，把学习区的知识排到了最后，等到你想认真学习的时候，已经下课了。

（2）不敢面对挫折：明知道数学是自己的弱项，可复习的时候就是不想把它拿出来，因为一旦开始做题，你就会受到打击。每次想学数学的时候，你大脑中的一个小人会悄悄告诉你：还有 ××× 可以先看，接下来再看数学吧。

（3）对自己期望过高：很多学生总想找到高明的技巧，一鸣惊人。在贴吧、高考学习群中，我经常看到学生提问：我数学不好，有什么技巧能快速提高？如果别人回复多看课本、多做题，他们就不吱声了，这不是他们想要的技巧。其实哪有什么技巧，学霸也是一道题一道题堆出来的。

一个心理学家说：“以这种方式做事的人，害怕在考试中不能得满分，或者不能赢得一场比赛，为了避免恐惧，最好不参加。

在这些动因的背后，潜藏着一定要成为最好的愿望，在自己面前不能冒失望的危险，不能在他人面前留下不好的形象。对于这种人来说，一拖再拖的行为变成了免于遭受失败的策略。”

4.1.3 拖延症消灭计划1：接纳自己

你肯定有这个体会，在拖延的过程中，脑袋里一个小白人和一个小黑人。小白人说，时间不多了，我要赶紧去做题；小黑人说，再等一小会儿，我还要看下贴吧，还要喝口水。于是这两个小人开始斗争。经过20多分钟的斗争，小白人终于胜利了，你刚打开课本，下课了。

于是你非常内疚和自责，觉得白白浪费了一节课，什么都没学到。在这种心情下，自己给自己的压力越来越大，心情越来越糟糕。在小白人和小黑人的后面又出现了一个魔鬼，他在大喊：你真是个没用的废物！

借用一句广告语：男人就要对自己狠一点。很多同学认为，自己之所以拖延，是因为对自己不够狠，于是后面给自己更高的要求，结果导致更大的失败。在这个循环中，会不断丧失自尊，觉得自己懒惰、一事无成，进而破罐子破摔。

这时正确的做法不是内疚，而是接纳自己、原谅自己，最好能一笑了之。你可以这么想，原来我只是个普通人啊，控制自己真不容易。接纳自己之后，再思考为什么失败，这时就会心平气和了。一旦摆脱了内疚感，你就不用消耗大量的精力去安抚受伤的心了，而是直接面对问题、解决问题。接纳自己包括如下几个方面：

（1）承认自己成绩很差：在这个基础上，才能制订出切实可行的目标。我高中的同桌，本来学习处于中等，高一能考500分左右。因为他是从一个小的初中学校考上来的，在当地长期年级第一，因此到一中后很不适应，总想和我较劲。他做的题很难，结果可想而知，因为把大量时间浪费到了偏题、怪题上面，导致丢了很多基础知识，成绩一路下滑，最后高考的时候连普通本科都没考上。

（2）承认自己有拖延症：在小白人和小黑人刚要打架的时候，你要把他们变成商量，比如：

小白人：你想玩啊？

小黑人：嗯。

小白人：不玩行不行？

小黑人：实在忍不住啊。

小白人：那先做两道题，然后再玩怎么样？

小黑人：额……好吧。

（3）接纳失败：即使小白人胜利了，你立刻开始学习，还有可能完不成作业，这时要鼓励自己，已经成功走出了第一步，因为谁都不能100%完成计划。然后总结没有完成的原因。题目太多？基础知识不够？还是计算慢？总结出问题来，下次改进就可以了。切记，不要埋怨自己，因为你现在就是这个水平，埋怨了没有任何用处，反而打击自信。

4.1.4 拖延症消灭计划2：别把自己绷得太紧

有的同学觉得自己已经落后很多了，一定要尽快赶上去。因此制订计划不留余地，精确到每一天、每一节课。结果执行了两三天，处处受挫，自信心崩塌，这个计划也就无疾而终了。4.2

节会给出一个反面典型，你可以对比一下。

有一家加拿大医院，它的手术室很紧张，总被频繁的急诊手术扰乱工作计划，引发一系列混乱。请了很多管理方面的专家，想了各种办法都无济于事。最后他们的解决办法是“专项带宽”，把一件手术室空出来，不放在计划里；这样，急诊手术就可以由这个“专项带宽”来解决，其他手术就可以按照原计划进行。就这样一个简单的措施，使得接诊量提高了11%，每天下午3点以后的手术数量下降了45%，医生和患者的满意度也提高了很多。

学习的时候也是如此，给自己留出空当。比如你集中精力的话，一节课可以做完4道题，那给自己做计划的时候，有两个选择：

（1）低标准：这节课完成3道题就是胜利，如果有时间，可以顺便研究一下第四道。

（2）高标准：这节课一定要完成5道题，完不成的话，下课也不休息。

想想你的大脑中的两个小人：

低标准情况：

小白人：这次挺简单，加油！

小黑人：似乎能完成，写完作业还能玩一会儿。

小白人：那就开始吧。

小黑人：好吧。

高标准情况：

小白人：5道题难度不小，经过努力应该也是可以的。

小黑人：5道题？肯定搞不定啊！我还是先玩会儿。

小白人：不行，定了计划就要执行！

小黑人：再等等，反正也完不成。

小白人：时间已经过去5分钟了，马上打起精神。

小黑人：更完不成了，我渴了，先去喝点水。

4.1.5 拖延症消灭计划3：锻炼意志力

美国有一项研究，对大学生的30多项品质进行了统计，发现其中绝大多数品质对学习成绩几乎没有影响。有的人外向，有的人内向，有的人幽默，有的人严肃，这些人学习的好坏纯属偶然。经过大量筛选以后发现，能左右成绩的品质只有一个：意志力。

那什么是意志力呢？凯利·麦格尼格尔在《自控力》一书中提到：所谓意志力，就是控制自己的注意力、情绪和欲望的能力。

通过这种描述可以看出，意志力是拖延症的克星，如果你有很强的意志力，那么可以分分钟战胜拖延症。

怎么提高意志力呢？

（1）持续、刻意的体能训练。比如长跑、仰卧起坐、引体向上等。体能的增加，能让你认可自己、提高自信，进而执行力大增。

我高中的时候身体状态很不好，勉强考进清华。而清华有个变态的规定：要求男生跑3 000米，12分20秒优秀，14分40秒及格；女生跑1 500米，6分40秒优秀，7分20秒及格。如果不及格，即使其他科目都是满分，也不能拿到毕业证。据说有些同学已经做到高管了，还要跑回清华补考。我大一知道这个规定后，被迫开始跑步，最初连两圈（800米）都坚持不下来。但为了顺利毕业，每天坚持跑，半年以后我已经能一次跑完3 000

米了，但是还没有达到及格的标准，于是继续跑。后来跑步变成了习惯，每天晚饭前一定要去跑一通才觉得舒服。从大二开始，我明显感觉到自己的变化：不生病了，精力更充沛了，愿意尝试新鲜事物了。可以说，毕业后的10多年里，我都在从长跑中受益。

（2）避免太多选择。比如上课的时候，你选用哪支笔做笔记，做题的时候想从前面做还是从后面做，遇到不会的题是问同学还是问老师等，在做选择的过程中，其实就在消耗意志力，等选择完了，已经没有更多意志力进行学习了。因此正确做法是“follow your heart”，设定目标以后，立刻就行动，即使准备工作没做好也无所谓，直接进入主题最重要。

（3）补充葡萄糖可以提高意志力。根据科学家研究，补充糖分可以增加意志力。注意一定是糖，而不是无糖的甜品。如果小黑人告诉你坚持不下去了，那么吃块糖就会再坚持一会儿。

（4）适当奖励。如果你爱吃零食，可以在做完一道题后，偷偷奖励自己块饼干，然后偷偷对自己说你真棒。这仿佛看起来很傻，但是非常有用，可以想象这个对话。

小黑人：我想休息一会儿。

小白人：再加把劲，还有两道题就做完了。

小黑人：我扛不住了。

小白人：乖，做完了就给你零食吃。

小黑人：好吧。

4.1.6 拖延症消灭计划4：夸下海口，让很多人知道

我的一个初中同桌，非常聪明，可就是懒，作业非要拖到最后一刻才完成，有时候甚至直接抄我的作业交差，学习成绩在班

级中游，如果剧情不变的话，他能考个大专就不错了。

说明：我在镇里读的普通初中，而我们镇每年能考上大学的不超过 10 人。也就是说必须考年级前 10 名才有希望上大学。

可是，这个初中同桌居然考到了中国人民大学。这简直是逆袭啊！有次一起吃饭，我问他是怎么翻身的，有什么窍门。你猜怎么着？下面是我们的对话：

他：这都是因为我们校长。

我：校长？校长应该不代课吧？

他：是不带课，可校长是我大舅。

我：那我明白了，原来他给你开小灶了。

他：一点都没有！都怪我一句话，把自己害了。

我：？？

他：因为和大舅熟嘛，我上高中后，和大舅聊天，其实也就开个玩笑。

我：什么玩笑？

他：我和他说，我帮你创名气来了，有我在，让你们中学扬眉吐气，拿个全县的状元回来。

我：口气够大的。

他：当时年少轻狂，就是随口这么一说。谁知道大舅他老人家在全校大会上把这件事说了。结果全校人都看我，我现在忘了是什么感觉了，不过肯定很难受。于是我出名了，背负了全校的希望。

我：牛，有点类似为中华之崛起而读书了。

他：什么啊，我哪有这么大的志向。说实话，当时根本没激发出我的斗志，但是激发了我的恐惧，万一考不好，真是在全校面前丢人了。后来每次想偷懒的时候，全校大会的场景立刻就会出现，立刻就集中注意力了，就这样不知不觉中，从年级中游逐步上升，到高三的时候已经稳居年级第一了。

4.1.7 拖延症消灭计划5：寻找替代品

意识到大脑中的两个小人后，我们可以尝试和小黑人谈判，而不要试图强制压迫小黑人，因为强迫做不喜欢的事情，要付出很大的意志力。当你意志力薄弱的时候，就要适当放松要求，这样效果反而更好。想象这么一个场景：

小黑人：太累了，我要休息。

小白人：不行，还有三道数学题没完成。

小黑人：时间不够用了，反正也做不完。

小白人：坚持一下应该可以。

小黑人：数学题太难，即使坚持也做不出来。

小白人：那也要坚持！

在这种状态下，大脑在不断释放负能量，虽然你的行动还在坚持，但是大脑已经松懈下来了，最后很可能搞得自己精疲力竭，还没做完。

如果换个场景，会好得多：

小黑人：太累了，我要休息。

小白人：不行，还有三道数学题没完成。

小黑人：时间不够用了。

小白人：那这样吧，不做数学题了，背10个单词总可以吧。

小黑人：这比数学题简单多了，挺好。

当你和难度为10的事情斗争的时候，如果大脑的确很累了，那就不要死扛，适当放松一下，做个难度为5的事情，这样更好。

低难度、但是一定要做的事情包括：背诵英语单词，熟悉语文的成语、错别字、病句等，这些不需要大规模的逻辑推理能力，一个单词就是一个小目标，能很轻松地完成。你可以根据自己的特点，列一个单子，随时放在手头，需要放松一下的时候，就打开这个单子，选择一项。

4.1.8 制订适合自己的计划

我侄子今年高三，学习成绩不好，他自己也很着急。之前他列过很多计划，最后都以失败告终，形成了下面的恶性循环：

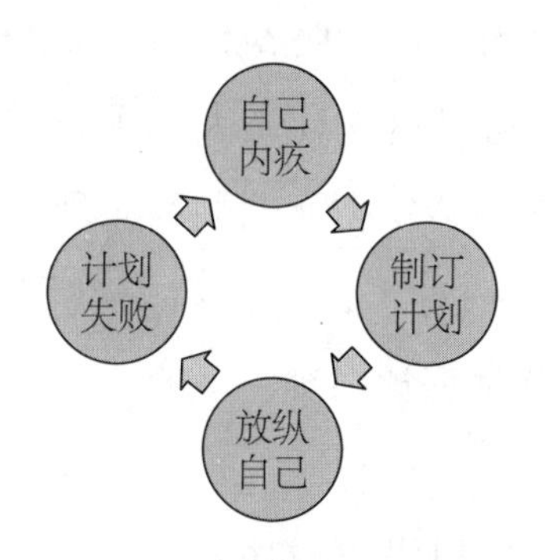

后来他求助到我，下面是我们的对话。

侄子：小叔，还有一年就要高考了，我的数学还不及格，你数学好，能教教我吗？

我：数学涉及的知识点很多，我们一年也就见几次面，你想学什么呢？

侄子：我就是觉得数学特别难，不知道怎么办。

我：你认真看课本了吗？

侄子：课本这么厚，哪看得过来，即使看了，也不会做题啊。

我：那你做题了吗？

侄子：做了不少，可总是错。

我：总是错？

侄子：对，我也不知道怎么搞的，有些题以前见过，可还是做错了。

我：那你定过目标吗？

侄子：定过啊，每学期刚开学的时候都定，比如上学期我计划数学考到100分，可惜没做到。

我：你自己觉得有什么问题吗？

侄子：我觉得数学是我的克星，怎么都搞不定，我也试了很多办法，最后都失败了。

我：那你有平时的小计划吗？比如一周的或者一天的？

侄子：也有过，可是这些计划太小了，我都记不清了。

我：那回想一下，哪个小计划顺利实现了？

侄子：我想想……对了，好像有一次我计划一节课背诵20个单词，实现了，当时感觉很爽。

我：数学呢？

侄子：额……印象里没有成功的。

我：

那么，有没有适合学渣的计划呢？请看下节。

4.2 制订学习计划

不论是学渣还是学霸，都有自己的学习计划。区别是学渣的计划没有执行下去，而学霸的执行下去了。对于学霸可以略过本节。学渣一定要仔细阅读本节。通过它可以帮你制订出可执行的计划。

4.2.1 一个经典的计划表

相信你一定做过很多计划，比如周计划、每天的计划、暑假计划等，这里举一个经过科学研究的日计划。

经过科学研究的日计划

时间	安排
早上 6～8 点	一日之计在于晨，对一般人来说，疲劳已消除，头脑最清醒，体力亦充沛，是学习的黄金时段。可安排对功课的全面复习
早上 8～9 点	据试验结果显示，此时人的耐力处于最佳状态，正是接受各种“考验”的好时间。可安排难度大的攻坚内容
上午 9～11 点	试验表明这段时间短期记忆效果很好。对“抢记”和马上要考核的东西进行“突击”，可事半功倍
正午 13～14 点	饭后人易疲劳，夏季尤其如此。休息调整一下，养精蓄锐，以利再战。最好休息，也可听轻音乐。但午休切莫过长
下午 15～16 点	调整后精神又振，试验表明，此时长期记忆效果非常好。可合理安排那些需“永久记忆”的东西
傍晚 17～18 点	试验显示这是完成复杂计算和比较消耗脑力作业的好时间。这段时间适宜做复杂计算和费劲作业
晚饭后	应根据各人情况妥善安排。可分两三段来学习，语、数、外等文理科交叉安排；也可作难易交替安排

看上去是不是很好？把学习时间精确到一个小时，结果呢？没用的！这个计划的问题在于太空泛，它作为一个框架还可以，但是对于有拖延症的同学来说，只是打印出来的一张纸，还要继续细化，把它变成真正的计划。

4.2.2 为什么你爱玩游戏

为什么大家都喜欢玩游戏？明知道这样不好，还是忍不住再来一把？如果学习能上瘾，那肯定能成为学霸。心理学家研究认为，大家爱玩游戏有以下原因。

- 成就感：当你在游戏中打败怪物的时候，大脑会分泌出多巴胺，让你有很强烈的成就感，并且迫切地想再玩一局。这不是理智能控制的，是人类在千万年的进化中形成的。
- 上手容易：所有的游戏入门都是很简单的，你可以用几分钟的时间就摸清规则，然后取得一定的小成绩，这样不断勾引你挑战更高的难度。
- 时间短：游戏中每个任务时间都不会太长，很多只有两三分钟，即使大型战略游戏，一个小时也足够了，因此给玩家的压力小。
- 目标可期：打游戏的时候，你很明确地知道，有可能会遇到困难，但是最后的胜利一定是你，因此你有信心坚持下去。

反观学习，难度则高得多，尤其是对自己期望高的同学，明明模拟考试只有300分，非要给自己定个清华的目标，那只能越来越鄙视自己，最后放弃学习。

4.2.3 流行目标分析

前面分析了游戏的特点，那么我们以一个班级排名42（全班50人）的同学为例，帮他制订学习目标。

A 目标：考入普通本科。

B 目标：下次模考，考到班级前30。

C 目标：数学考到90分以上（以前考试是60分左右）。

D 目标：每天做一套化学模拟试卷。

这里面哪个可行呢？根据上一节的游戏原理，我们挨个儿分析一下：

A 目标

这是每个同学都有的目标，不论学霸、学渣，都想考上理想的大学，用游戏原理再详细分析。

- 成就感：真的考上理想大学，成就感当然很大，对自我的认可也会很强。
- 上手容易：怎么上手呢？答案似乎很简单，努力学习呗。但是仅靠这 4 个字是不够的，没有具体的执行步骤，最后沦为口号，造成死循环：

我的目标是考上好大学→为了这个目标，我要努力学习→为什么努力学习呢→因为我要考上好大学

- 时间短：为了一个目标，坚持 3 年才能看到结果，你能忍吗？
- 目标可期：通常“理想大学”的分数线是高于你当前的考试成绩的，那么努力学习 3 年后，真的能做到吗？你有 80% 的把握吗？

所以 A 目标是不可行的，尤其不能挂在嘴边。有志向的同学可以定一个隐约的大学，平时不用想它。包括我自己，在高三之前都没有明确地想考清华、北大，一直到高三下半年，确认自己有这个希望了，才下决心考清华。

B 目标

这个目标比 A 目标好了一些，但是执行起来还是会遇到困难:

- 成就感：从 42 名上升到 30 名，成就感是很大的。
- 上手容易：和 A 目标类似。
- 时间短：下次模考，可能是 1 个月，也可能是 3 个月，也就是说目标的周期比较长，所以不容易检验。

- 目标可期：因为名次上升很大，压力也不小，能做到的话当然很好（我认为概率不大）。如果做不到，会丧失继续努力的信心。

这个目标有很多变种，比如年级排名提高、模考总分提高等，其实万变不离其宗，大部分同学最后被打击了一下，然后承认失败。

C 目标

和 B 目标类似，这里不再分析。

D 目标

这个目标最具体，看起来操作也不难，那么用游戏原理分析结果如何呢?

- 成就感：最初几天，会觉得自己很厉害，但是时间久了，会觉得没意思，没有挑战性。如果能再细化一下，每次做试卷的时候增加两个指标：时间和分数，会好很多。具体方法是：
  - 每次做题之前开始计时，争取比上一次缩短一两分钟，自己挑战自己。
  - 核对答案的时候给自己判分，然后进行记录，争取每次都提高几分，这样成就感也会大大的。
- 上手容易：的确很容易，打开卷子就开始做。
- 时间短：一个小时以内就可以看到结果，时间够短。
- 目标可期：要完成一套卷子，经过努力还是可以做到的。

从上面的分析可以看出，D 目标更现实，更具有可操作性。经过改进，它能执行下去。

最后总结一下：

目标	成就感	上手容易	时间短	目标可期
A 目标	Yes	No	No	No
B 目标	Yes	No	No	No
C 目标	Yes	No	No	No
D 目标	Yes	Yes	Yes	Yes

前面三个目标因为是量化指标，所以如果真完成了，一定会有很大的成就感。但是它们都属于大目标，离现在太遥远，不能形成时时激励。今天打一下鸡血，管用了，过了好几天还没有反馈，这目标就慢慢淡忘了。

4.2.4　D 目标实践版

这是贴吧中的一个复习记录，主人公是高三学生，我们看看问题出现在哪里：

2016 年 2 月 20 日：

本人成绩一直在 500 ～ 540 分波动。

期末理综考砸了，总分只有 480 分，暴露了我学渣的本质。

离高考仅有一百多天，

为梦想也为父母争口气，

若不努力还谈什么未来？

自己的命运自己掌握，六月的自己不想后悔。

欢迎大家一起监督学习，高三加油！

【点评】目标是好的，到各个高考群、贴吧去看看，这样的人一大把。楼主的总分还不错，更多表决心的同学总分在 300 分左右。还没有看到 600 分的同学来表决心。为什么他们不来表决心呢？因为他们在抓紧时间复习，没工夫上网发帖。

2016年2月21日

总体计划：

3月：完成基础知识的踏实细致的自主复习。

4月：专项突破，专攻自己薄弱的知识点，配合模拟试题训练。

5月：真题轰炸，研究新题型。

以上为自主复习计划，若与学校计划有冲突，再权衡利弊及时调整。另外有5点要注意：

（1）复习不要忘记：①错题集；②每天对知识点的复习总结。

（2）优先完成学校安排的作业，到最后的日子按自己最需要的取舍。

（3）最后一百天一切事情都应该给学业让步。

（4）可以忙到忘记签到，不可懒惰放松自己。

（5）事实证明熬夜奋战不适合你，尽量早点睡觉第二天才能精神饱满。

【点评】原则都是对的，说起来容易，能做到吗？

2016年2月22日

（1）早读一小时：英语单词、生物知识点。

（2）往后加速赶二轮资料的进度。

（3）每天数理化至少完成两个专题。

（4）每天一套数学专题卷。

（5）每天一小时总结错题、知识点。

以上一项任务没完成罚第二天多记100个单词；两项任务没完成罚第二天多记100个单词+多写一套数学卷子。

【点评】定的目标不少，貌似很科学，还有惩罚措施，但是一天记100个单词，难度不小。

2016 年 2 月 23 日

二轮复习资料没写多少，就刷了数学两个专题。

加上没遵守第 3 条原则竟然跑出去猜灯谜，决定给自己惩罚量翻倍。

鉴于一天 200 个单词效率反而会低，所以将 100 个单词变为完成一张英语卷子。

【点评】果然不出所料，时间不够用了，等到背单词的时候，发现还是做不到。这样的计划只会让自信心受挫，不断怀疑自己。

2016 年 2 月 24 日

做了一套英语卷子，完形填空错了 6 个，让我哭会儿。

到现在还剩罚的数学卷子一张，快做吐。

做题错太多，果然是基础太差的原因。

今天重点解决数学的基础问题。

看来物理、化学又没时间了，明天补它们吧。

【点评】和 2 月 22 日的计划对比一下，已经偏离多少了？

2016 年 2 月 25 日

看来最初制定的任务有些难，先做这两个：

（1）物理、化学、生物作业在校完成。

（2）自习时间刷数学小题 + 物理小题。

物理和化学作业比预想的难，数学和物理的小题没时间刷了。

【点评】刷题速度太慢怎么办？是你基础不好。

基础不好怎么办？得多刷题。

刷题速度太慢怎么办？

……

2016年2月26日

今日任务：

（1）数理化生的二轮复习资料继续往后做。

（2）数学小题狂练一节。

（3）化学有机卷子一套。

（4）放学后还有一小时的时间用来做物理。

让人措手不及的周测成绩下来了，依然是数学和理综最弱。然后做错题本和刷题冲突了，于是果断放弃刷题。错题本的作用真的很重要，我宁愿一道一道改错题也不愿去做新题，可是我的自主复习怎么才能跟上呢？

【点评】进入迷茫阶段，和5天前的雄心壮志相比，判若两人。

2016年2月27日

牺牲中午的时间做作业，我知道这样看起来得不偿失，但我已被落下太多了，不拼命就是找死。尽量上课前小眯一会儿。

【点评】高考是长跑，不是拼一下就行的，牺牲休息时间就是作死。

2016年2月28日

距离高考只有一百天，一百天里我能改变什么？

发现照我的速度一天一套卷子都做不完（自己共有100+套题），所以现在开始至少每天做一套。拼命吧！

【点评】丧失信心。

2016年2月29日

今晚情绪低落，效率低得不要不要的，没写多少作业。

【点评】丧失信心。

这个场景是不是似曾相识？有句老话说得好：“有志之人立

长志，无志之人常立志。”这是一个典型的代表啊。你可能因为各种原因立志：放假回家被妈妈骂了，曾经的学渣逆袭了，邻居家的孩子又得第一了……然后你决定奋起直追，结果呢？是不是和这个同学一样？

其实这个例子，是上一节D目标的实践版，虽然满足了游戏原理的各个条件，但最终还是以失败告终。

为什么这个计划会失败？因为他把自己逼得太急了，任务太重，把自己当成了超人，最后不堪重负，导致恶性循环，一周后败下阵来。

下面是本章的精华部分，字数不多，但一定要认真体会！

4.2.5 科学的目标之中期目标

对于拖延症患者，一定要制订切实可行的目标。我的原则就是前面提到的游戏原理：成就感、上手容易、时间短、目标可期。当然，有人会说，一定要有远大的理想才行，比如为中华之崛起而读书、当科学家、考上“211”等，这个目标不用本书解决，相信每个人都会有。即使学渣也有理想，但是在你没有实力之前，理想只是空想。

好了，言归正传，每个人的学习水平不同，可能有些执行细节会不一样，但是总体原则是一样的，这节先讲中期目标。

第一步，选择具体的竞争对手，比如现在你排名第42，那么你的目标就是超过前面的三名（39、40、41）同学。

第二步，不仅仅是大考试，每次课堂测验都可以和前面的三个同学竞争，在这个过程中可能有胜有负，等到你连续三次的成绩碾轧他们的时候，就可以更换目标了（36、37、38）。

分析：这个目标并不难，因为你和他们的水平接近。而且当

你把他们定为目标后，会不自觉地观察他们的学习情况，如果发现其中一个人在学习，你就会精神兴奋，自己也投入学习中。

有了这个目标后，你会发现情绪发生了变化，以前一听说考试、测验，就从心里抵触，属于被迫考试；一旦开始暗中比赛，你会爱上考试，也会紧张，但是属于兴奋的紧张，迫切希望知道比赛结果，而每次公布成绩都会是你下一次努力的起点。

4.2.6 科学的目标之短期目标

每节课弄懂一道题，搞清楚它的考点、解题思路、同类题目的解决方法。注意，不要贪多，很多同学每天上课很忙，号称刷了 10 道、20 道题，可最后一个方法也没记下来，真正的白忙活。

为什么我要定这个目标？很多人之所以考试成绩低，或者发挥不稳定，就是因为对题目的掌握程度不够，并没有吃透它，导致被同一个问题反复扣分，慢慢变成了学渣。

只弄懂一个问题，是不是太少了？这么多科，这么多道题，要什么时候才能全部做完？你完全不用担心，开始这么做，是为了得到成就感，让你不断认可自己、强化信心，就像打游戏一样，最开始是一些小角色，等你级别升高了，就可以和大 BOSS 战斗了。

根据我的观察，前面一周能坚持做到一节课搞定一道题，等到第二周就会翻倍了，等到 3 个月后，就发现一半的题跑到你的舒适区了，这样逐渐扩张舒适区，最后总分在 100 以上不成问题。

这个目标看起来简单，其实还是有一定挑战性的。前面两天，你可能不适应，可能遇到的问题都在 3.3 节讲过了，你可以自行翻阅。

根据游戏原理分析如下：

➢ 成就感：可以给自己设定时间，看到一个题，用 10 秒钟评估一下难度，然后给出时间，比如30分钟搞定它，然后在这个时间内抓紧思考，或者请教老师，如果提前完成，那就放松一下，看看班上的美女、帅哥。

- 上手容易：上课就行动，没有其他附加条件。
- 时间短：最多一节课就可以看到成果，没有长久的压力。
- 目标可期：每个题目肯定有解决方法，只要去答题就好了，即使自己做不出来，还可以请教老师、请教学霸。

4.3 执行学习计划

前面用了1万多字对学渣进行了全方位剖析，最后核心是4.2.4小节和4.2.5小节，其中给出了学渣的中期目标和短期目标。可能你看完以后嗤之以鼻：切，说了半天废话，结论这么简单，谁都能做到！

其实正确的东西不一定有多复杂，看看身边的学霸，他们用了多复杂的学习方法了吗？我刚高考完的时候，很多人向我取经，问我有什么学习的绝招。当时我的回答都是废话：认真听讲、多做习题、多看错题本。为什么我能考到140分以上，其实就是认真遵循了上面的原则。你再问问自己，做到这些了吗？

在前面两个目标设定以后，还会有大量同学做不到，为了确保逆袭，我特别准备了本节。

4.3.1 什么时候开始执行

放下这本书后，立刻就执行！你可能会遇到这些问题：

（1）这么多科，到底先看哪个？翻看书包，拿出哪个科目就看哪个。你要知道，选择是耗费意志力的，本来下了很大决心，结果被一次次选择消磨殆尽。学渣的最大问题是从来没有开始过，所以首先行动起来，然后再解决其他问题。

（2）我渴了，先去喝点水。不立刻喝水会死吗？先拿出英语书，背下5个单词再喝水也不迟。

（3）数学太难了，我都不想翻开作业。那是因为你前面落下太多了。从第1章的基础做起，确认能独立做会以后，再做第二个题。不要贪多。

类似的情况还有很多，不管什么原因，你都问问自己，能克服吗？如果你总是有克服不了的困难，那就把这本书扔了吧，我救不了你了。

4.3.2 排除杂念

过去有一位年轻的和尚，一心求佛，希望有日能成佛。但是他多年苦修参禅，似乎没有进步。有一天，他打听到深山中有一个破旧的寺庙，住持老和尚修炼圆通，是位得道高僧。于是，年轻的和尚打点行装，跋山涉水，千辛万苦地来到老和尚面前。两人打起了机锋。

年轻和尚：请问师父，你得道之前做什么？

老和尚：砍柴担水做饭。

年轻和尚：那你得道之后呢，又做什么？

老和尚：还是砍柴担水做饭。

年轻和尚于是哂笑：那何谓得道？

老和尚：我得道之前，砍柴的时候惦念着挑水，挑水的时候惦念着做饭，做饭的时候又想着砍柴；得道之后，砍柴即砍柴，担水即担水，做饭即做饭。这就是得道。

道理很简单，但是很多同学做不到。比如写数学作业的时候，想着明天英语要考试了；复习英语的时候，想着有一道物理题还不会。这样会极大地降低学习效率。还有些同学总是试图找一些捷径。我经常在贴吧、QQ 群中看到这样的提问：立体几何太难了，有什么技巧吗？你想要什么技巧？直接把答案印到你脑子中？

我采访过很多学生，最后发现，大家都是要死磕题目，只是有些人聪明一些，做一遍就会；而有些人反应慢一些，要多做几遍。如果你没有独立做出过一次，凭什么拿高分？

因此执行计划的时候，一定要集中注意力，哪怕集中 5 分钟也好，充分利用 5 分钟弄懂一个概念、弄清一个思路，这样积累起来，才会有后面的逆袭。

4.3.3 每天写成功日记，积累正能量

学渣每天都会经受“我不行”的折磨：作业完不成、考试不及格、上课被提问等。每次折磨，都会给自己一个负面评价，进而恶性循环，越来越差。

针对这种情况，我试验了很多方法，后来总结发现，写成功日记非常有效。这里推荐给大家。

操作方法很简单：买一个记事本，放在床头，每天睡觉前 10 分钟，拿出这本子，记录下今天干得漂亮的事情。我举几个例子：

搞明白一个概念。

会做了一道题。

考试居然及格了。

从年级倒数第二变成了倒数第五。

上课受到老师表扬。

今天弄明白一个英语语法。

………

最初你可能觉得没什么值得记录的，觉得这些都是小事，连成果都算不上。在这种情况下，你要作出肯定的回答。作为学渣的你，过于自信比不够自信要好得多，要不断增加自己的正能量，向自己灌输“我行”的观念。这样坚持一段时间，你会发现：“原来我也掌握了这么多知识，搞定一些题目不在话下了。”在这种激励下，你会更加投入地学习，慢慢形成正反馈，提高成绩。

注意：别用手机或者其他电子设备，就用最原始的记事本。因为一旦打开手机，你的注意力就会被它占据，然后时间就被浪费掉了。

4.3.4 风雨无阻21天

在心理学中，有一种“21天效应”。也就是说要养成一个习惯，最少需要21天的时间。习惯的形成大致分为以下三个阶段。

第一阶段：1～7天。此阶段表现为“刻意，不自然”，需要十分刻意地提醒自己。这是小黑人和小白人战斗最激烈的时候。

第二阶段：7～21天。此阶段表现为“刻意，自然”，但还需要意识控制。小黑人已经战败，但是还不甘心，随时准备反扑。

第三阶段：21～90天。此阶段表现为“不经意，自然”，无须意识控制。小黑人被转化为小白人。

这一点非常重要，我在给学生讲课的时候，说了前面的学习计划，当时大家热血沸腾、摩拳擦掌，准备回去就认真执行。可是过一段时间我回访的时候发现，只有一小部分人坚持了下来，为什么呢？因为三分钟热度，没有养成学习习惯，最后导致计划失败。

知道这个效应后，你可以为自己倒计时，先坚持 3 周，然后回头再看，就发现自己已经脱胎换骨了，整个人面貌一新。

第5章 错题本

错题本的重要性怎么强调都不为过，所以我要把它单独拿出来一章进行讲解。本章是在第 3 章的基础上进行的，如果你还是学渣，总分在 400 分以下，还是好好阅读上一章，等你超越 400 分以后，再来看本章。

5.1 对错题本的误解

虽然它很重要，但也不是万能的，在学习使用错题本之前，我先把一些误解列举出来，避免浪费你的宝贵时间。

5.1.1 每个人都要有错题本

有些老师强制学生做错题本，美其名曰加强记忆，这是不对的。错题本的重点是查漏补缺，方便日后复习。如果你大部分题都不会做，所有的题都抄在上面，简直是浪费时间。

我的一个高中同学就是如此。她语文、英语成绩不错，但是物理总是搞不明白，每次考试都不及格，为了提高成绩，专门买了一个很厚的笔记本，遇到错题就把它抄上去，结果错题本越抄越厚，但成绩没有任何提高，反而下降了。为什么？她把本应思考的时间用在了抄题上。

5.1.2 学霸的错题本最好

学霸之所以能成为学霸，是因为有良好的学习方法，那他的错题本、笔记本一定是好的了。所以网上有很多“高考状元学习笔记”“学霸手写复习资料”，而且十分畅销。但是你问问自己：

你的知识体系和学霸一样吗？

学霸错题本上的题，对你有用吗？

学霸的学习笔记你能看懂吗？

错题本是非常私人的学习笔记，你千万不要借用别人的，要自己积累，最好能写出当时是因为什么原因出错的，应该如何补救，这样日后查阅的时候才会有帮助。

当然，并不排斥同学之间交换错题本，但那只是一个有益的补充，并不能成为自己的错题本。

5.1.3 突击制作错题本

有些同学平时很“忙”，经常忘记把错题整理出来，总想着等哪一天空闲了，统一整理，这样做非常不好。

因为刚做完题的时候，印象最深，知道自己的漏洞在哪里，立刻写到错题本上，有利于加强记忆。根据记忆曲线可知，一天后，你的记忆就只剩下30%多了，时间再久，恐怕已经忘记当时是怎么回事了。要把错题整理出来，需要费很大力气，真正的事倍功半。

我高中的同桌就是这样，他平时很忙的样子，总是记不起来做错题本。每次考试前，看到我在复习错题本，他才开始着急，把平时的作业、试卷都找出来，赶紧往错题本上抄，可是已经来不及了，变成了他为错题本服务，而不是错题本为他服务。

5.1.4 把错题本做得很漂亮

如果你是有“洁癖”的同学，一定要注意这个问题。我们班的一个女生就是这样，给错题本包了书皮，里面的字很工整，答案、解析、知识点写得也很好，可她的成绩居然只是中等，后来发现，错题本居然成了她的负担。

因为她很想让自己的物品都整整齐齐，所以对错题本很重视。遇到不会的大题，她要把题目认真抄写下来，然后把答案一步一步写清楚，经常为了一道大题就花了半节课，白白浪费了时间。

正确做法是，用最短的时间把错题本做好，对于大题，可以直接把试卷裁下来，贴到错题本上；对于答案，不用全部写，只要写出关键点、易错点就可以了。复习的时候，强迫自己在大脑中演算，提高答题速度。

5.1.5 整理完错题本，就把它束之高阁

很多同学说错题本没用，是因为他们变成了抄题机器，根本没有充分利用错题本。如果整理错题本占20分的话，那么后期翻看则占了80分。

我的错题本很厚，每次做完作业、没事的时候，就把错题本翻出来看看；考试前，我都会把所有错题翻看一遍，最开始要用半天的时间，后来越来越快，有些题目一看开头，就知道怎么回事了，解题思路自动出现在脑子里；这时厚重的错题本已经开始浪费时间，因为里面大部分题我都会了，错题本变成了“对题本”。于是我把整个错题本压缩，一共就剩下了不到10页，里面都是需要特殊思路或者有陷阱的题目，只要十几分钟过一下就行了。到这个地步，错题本的使命才算完成，说明你把其中的题目全部消化、理解了。

因此，说错题本没用的同学，先问问自己，本中的题目你都会了吗？确认100%能得分吗？如果没做到这一点，那就继续翻看错题本吧。

5.1.6 妄图使用工具辅助整理错题本

很多同学觉得整理错题本浪费时间、嫌麻烦，于是想从网络上寻求帮助，找一款合适的软件，来提高效率。在百度上搜索“错题本软件”有100多万条：

随便选一个软件“助学宝错题本软件”，看它的功能介绍：

（1）快速整理错题。通过拍照、扫描手段获取试卷、习题集照片后，在计算机中截取错题，优化处理错题并根据需要输出到Word中，便于学生重新练习或形成资料。

（2）将错题分门别类。通过设置目录结构将错题按照知识点、时间段进行分类储存，用户可根据需要选择显示、输出相关题目。

（3）快速检索错题。可根据不同条件快速查找错题，更便于集中复习与加强。

（4）按照错题题型、出错原因统计分析错题数量、所占分数、比例。以数据、图表形式统计分析错题的相关信息，更便于学生查找自身应试能力漏洞，使学习和测试更具备针对性。

（5）输出试卷或资料。经过软件优化过的错题，可根据需要输出到Word，方便用户重新测试改错效果，形成复习资料。

是不是挺好的？你想要的都在里面，最重要的是有搜索功能，让你很快找到不会的题目，就用它如何？

错了！看一下你身边的同学，问问其他班的同学，有哪个学霸是用软件的？我调查过很多学生，妄图使用软件整理错题的，没有一个能成功，原因如下：

（1）在本上整理错题的过程，就是在加深记忆。而拍照、录入电脑的过程则没有加深的作用，而且浪费的时间更多。

（2）在“把时间当作朋友”一章中提到，如果要避免玩游戏，唯一的办法就是扔掉智能机，让手机没有游戏功能。如果为了错题本，使用上智能机，那后果可想而知。

（3）想象一下，在看手机、上网的时候大脑是如何运作的。每次切换到电子设备，人们会下意识地想到“娱乐”、“快速”、“好玩”，大脑会放松下来，在这种状态下，怎么能学得好呢。

5.2 制作错题本

前面说了好几个误区，你先自我检查一下，如果没有那些误解，那就可以准备自己的错题本了。

5.2.1 哪些题值得放入错题本

我们每天都在做题，各个地方都会遇到错题，比如课上练习、课后习题、模拟试卷等。如果把所有错题都记下来，是不现实的。一个题目要想进入我的错题本需要下面几步。

（1）发现不会做的题后，先搞明白，然后放到一边。

（2）过两天，复习的时候，不要任何提示重新做这个题，如果能顺利做出来，那它就进入我的舒适区，不用再费心。

（3）如果复习的时候又做错了，说明这个题的确有难度，值得做一个标记，通常我在题目的前面加一个五星标志☆。然后着重对这个题目进行记忆。

（4）经过前面一轮后，再过一两周，我会复习之前的卷子和练习册。如果还是搞不定这道题，那它就要进入错题本了。

通过上面的步骤可以看出，不是什么题目都“配”进入错题本的，一定是有难度而且不容易记忆的题目，才会放入错题本。这样操作下来，你会更加重视错题本，因为它集中了你所有的弱点。

5.2.2 对不同的错题进行标记

错题也分好几类，在登记到错题本的时候，要分开标记，我的错题本中，包括如下几类。

（1）概念不清类：主要是对知识点、基础概念、定理、公式不够熟练，以至于出错。中等生容易犯这类错误，正常情况下，在上一节的第二步就可以消灭这类错题。如果遇到特别难理解的概念，就要反复记忆了。

（2）典型题型类：这往往是特定的解题技巧，中间涉及好几个知识点。你可能对每个知识点都熟悉，但就是不会做题。这类错题是最值得关注的，也是你能否超越100分的标尺。对于这类题，要加强训练，培养举一反三的能力，提高自己的思维能力。

（3）拔高题型类：这是专为学霸准备的，也就是试卷最后的大题，还有选择题的最后几道。如果你的分数在100分以下，建议放弃这类题目，转而提高前面两类题的准确度。

（4）马虎丢分类：很多同学有这样的体会，遇到一个很简单的题，自己以为肯定能拿分了，结果却做错了。等事后再看这题，一拍脑袋：哎，我怎么能犯这种低级错误！对于这种题，似乎不应该放到错题本中。恰恰相反，这是你最容易提高的地方，回想一下，同样的题，你是不是因为“马虎”而被扣过很多次分？

我的错题本主要包括这四类。整理的时候，我会顺便在每个题目前面打上标记，比如：

概念不清	圆圈○
典型题型	方块□
拔高题型	五角星☆
马虎丢分	三角△

标记后，复习的时候就心里有数了，再次复习时，看到一道题就能评估出解题时间。

5.2.3 如何写答案

好多同学成了错题的搬运工，是因为在错题本的制作上浪费了太多时间。有人把题目裁剪下来了，但是为了日后容易复习，把答案写得很细致，这也是不可取的。

错题本是为了补全你的知识体系，很多时候起提醒的作用。因此不必把答案写得那么细致，只要把关键点提示出来就行了。比如：

等差数列 $\{a_n\}$、$\{b_n\}$ 前 n 项和为 S_n、T_n，若 $\frac{S_n}{T_n}=\frac{7n+1}{4n+27}\,(n\in N_+)$，求 $\frac{a_7}{b_7}$。

对于这道题，有的同学错误地以为 $\frac{S_n}{T_n}=\frac{a_n}{b_n}$，结果当然是不对的。

像这样的错误，直接在题目后面标注一下 $\frac{S_n}{T_n}\neq\frac{a_n}{b_n}$ 就可以了，日后翻到这个题的时候，大脑立刻会反应：为什么不等于，正确答案是什么。

当然，数理化这些思路性的科目可以这么做，如果是语文、英语、地理这些科目，就要记录得细致一些了。

5.2.4 把试卷变成错题本

我的一个学霸同学很特别，他没有单独的错题本，而是因地制宜，直接在卷子上标记，然后订到一起。每次复习的时候，直接拿出厚厚一沓卷子，在上面翻阅。我专门研究过他的卷子，卷子都被翻烂了，上面密密麻麻的小字，有红色、蓝色、黑色等不同的标记。

这种方法也很好，节省了整理的时间，而且卷子上记录了当时是怎么做的，为什么错误，再加上正确的思路方法，对复习帮助很大。

5.3 使用错题本

本来不想写这一节的，因为我们前面费了那么大功夫，就是为了以后用它查漏补缺的。可是，很多同学没有发挥错题本的作用。就像足球比赛，从自己的球门开始带球，经过千辛万苦，终于带到对方球门，马上射门了，结果你老人家腿抽筋了。

因此在本章的最后一节，再次强调，做完错题本后要随时看，主要在以下时间复习：

（1）完成作业以后，如果有空余时间，可以拿出 10 分钟做几道题。

（2）在3.7节提到的零碎时间中，翻看错题本。

（3）考试前复习的时候，翻看错题本。

（4）对于准学霸来说，可以和其他同学交换错题本，从其他人的错题中找到自己的缺陷。

最后再强调3遍：

随时翻看错题本！

随时翻看错题本！

随时翻看错题本！

第6章

让大脑快速记忆

如果你看过《最强大脑》这档节目，一定很羡慕那些选手：如果自己有那么强的记忆力，语文、英语、历史、地理简直是手到擒来，轻轻松松考过130分。理想很丰满，但现实很骨感，大部分同学还是被那些知识点折磨得死去活来。

高中时，我是凭借惯性，死记硬背，把知识印在脑子里了，同时也暗合了一些记忆规律，因此高考英语成绩在140分以上，语文在130分以上。后来我专门研究有关记忆、学习方面的书，发现自己也走了很多弯路，在本章将会把我的经验和教训一起与大家分享。

6.1　难搞的语文

在所有科目中，我的语文是最弱的。因为我们家里不富裕，父母从没给我买过课外书，因此我对语文一点兴趣都没有，只是为了保持年级第一硬着头皮学而已。初中时，背背课本，做一些题就可以过关了。可是到高中以后，对词汇、语法、文言文的要求骤然增大，高一时我很不适应，语文成了拉分的一科。

6.1.1　狂读课外书

高一上学期，我发现语文成为短板后，专门找任课老师请教。老师说我的知识面太窄，应该多看一些文学名著、报纸、杂志之类的。

于是我就照做了，从图书馆借了好多书看，包括四大名著、《参考消息》《读者》《青年文摘》等。读的时候发现，《读者》《青年文摘》很有意思，一下子就能看懂，于是看得越来越多；而四大名著因为里面掺杂着古文，看起来很痛苦，最后都放弃了。

这样坚持了半个学期，本以为期末考试能有个飞跃，结果却失败了。事后总结发现，看课外书并没有令语文成绩提高多少，反而耽误了其他科的学习。

6.1.2 背字典计划

课外书计划失败后，我总结了一下，发现课外书的内容和考试关系不大。其他同学之所以有效，是因为人家从小学就开始看，有了阅读基础，各种成语、词汇在不知不觉中积累起来了，而我想通过突击阅读，能记住的知识很少，达不到提高成绩的目标。在这里也提醒同学们，不要迷信课外书，它并不能很快提高语文成绩，尤其是高中三年，学习时间本来就很紧张，不建议采用这种方法。

高一期终考试后，放暑假，我自己制订了背字典计划。因为我最大的问题是基础知识太薄弱，而背下新华字典就可以解决这个问题。

看到这里你肯定很佩服我，居然能把好几百页的新华字典背下来，果然是学霸！

让你失望了！我只背了前面几页，然后就坚持不下去了。原因呢？太枯燥了，开始两天凭着韧劲还能看下去，一周后我就从心里抗拒新华字典。每次背它时，我总是下意识地想其他任务，把背字典这一项任务跳过去，最后真的跳过去了。于是整个暑假语文学习没有进展。

6.1.3 用蛮力搞定语文

高二开学后，我开始对语文丧失信心了，因为前面自己费了很大劲，居然毫无所获，作为年级第一名的我，是不能接受的。在这种状态下，我分给语文的时间越来越少，企图用数理化弥补平语文的短板，于是变成了偏科生。在高二期末考试时，语文居然考了有史以来的最低分 98 分。

这下班主任着急了，他是数学老师，带了好多届学生，对各科的学习方法都很有研究。他详细了解了我的情况，然后给出了最俗的方法：研究试卷。没想到回到了原点，这是我擅长的啊。

班主任的方法给了我信心，于是我开始研究试卷，坚持了一个月，发现语文知识很凌乱，需要大量的记忆，相互之间逻辑性不强，和物理、数学完全不同，自习课上整理了很多错题，但是记忆难度很大。

有了目标就好办，我充分发扬了迎难而上的精神，随时揣着一个小字条，持续记忆，用了半个学期，语文就赶上来了。高三上学期的模拟考试，我已经能稳定到 120 分以上了。

不过高中语文给了我很深的印象，因为它让我尝尽了苦头。上清华以后，我专门研究了记忆力的问题，结果发现很多人受到记性差的困扰，而我高中的学习方法也有很多缺陷，只是凭着一股蛮力才考了 600 多分。如果能早早知道记忆的秘密，就可以节省很多时间。

6.2 记忆的秘密

关于记忆，国外已经研究了很多年，也出版了大量的著作。在这一节，我把和高考学习有关的研究成果展示出来，帮大家提高分数。另外，记忆曲线是很重要的研究成果，已经在 3.1.3 小节介绍过了，这里不再重复。

6.2.1 认识自己的大脑

人类经过几百万年的进化，修炼出了自己独特的大脑，这使得人类成为地球上的顶尖物种，其他生物即使体积再大（鲨鱼、大象）、数量再多（蟑螂、细菌），最后都被人类征服。

根据巴甫洛夫的研究，信号刺激包括两类：第一类是现实的具体刺激，比如声音、光照、颜色、味道、软硬等，称为第一信号；第二类是抽象刺激，比如语言、加减法、文字、逻辑推理等，称为第二信号。其中第一信号是人和动物都能理解的，而第二信号只有人类能够理解。即使再聪明的猴子，它也很难明白为什么3+4=7，即使人类训练出来一个会加减法的猴子，它也不能独立算出 37+37 等于多少。

而我们的学习都是在训练第二信号系统，使大脑越来越发达。大脑皮层由 1 000 多亿个神经元组成，而每个神经元之间通过 20 000 多个突触的连接形成了错综复杂的网络。每个神经元在接收其他神经元信息的同时，还要向其他神经元传出信息。神经元之间的联系四通八达，所以信息才得以瞬间传遍各个角落。

理论上，人脑可以存储 1 000 万亿个信息单位，如果一个字占一个单位，一本书 20 万字的话，那大脑可以存下 50 亿本书，人类从古到今所有的书加在一起也没有这么多。由此可以看出，我们的大脑潜力有多大。很多人把自己的大脑白白荒废了。

6.2.2 记忆的本质

简化一下，你可以把大脑的记忆部分想象成 CPU、内存和硬盘，分别对应瞬时记忆、短时记忆和长期记忆，如下页图所示。

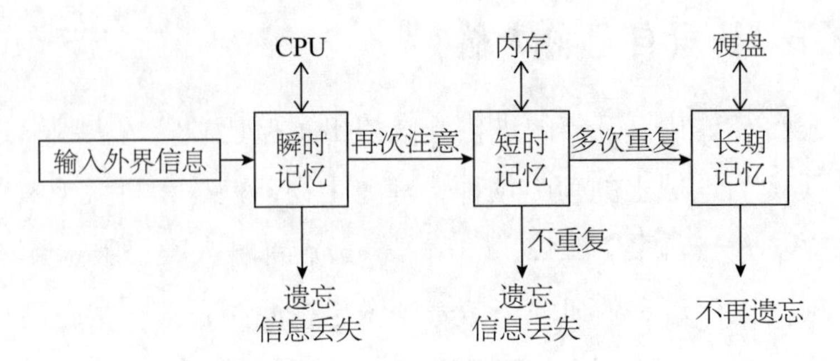

这里的长期记忆也不是永远不忘的，比如一个清华大学的学生，在他工作几年后，再让他做高考的物理试卷，他也有可能考不及格。那是因为太久时间不接触，把其中的公式、技巧都存在了记忆深处，提取不出来了。但是如果让他看一下参考答案，复习一段时间，他很快又能考到 100 分。

三种记忆的区别见下表。

三种记忆的区别

记忆类型	瞬时记忆	短时记忆	长期记忆
储存时间	0.25 ～ 2 秒	数分钟以内	数分钟至若干年
大脑运作原理	信号从感觉器官直接传入大脑，但是大脑没有进行加工整理，也可称为感觉记忆	大脑进行了刻意的记忆，并且为下次提取记录进行了准备	对信息进行了整理分类，并且和其他相关信息有秩序地组织在一起，通过相关信息能够互相引用、提取
举例	在查找字典上某个词时，对其他词一闪而过	查到一个新电话号码，拨完电话就忘了	一道数学题的解题方法，需要用到对应的概念、原理等

通过前面的分析可以看出：短时记忆是由瞬时记忆转化而来的，而长期记忆则又是由短时记忆转化而来的。不过，这些转化都有一定的条件：瞬时记忆的材料必须经过适当的复习才能转化为短时记忆，短时记忆转化为长期记忆不仅要复习，而且要尽量

和其他已有记忆融合，让它们互相关联，这样才能减少遗忘。

我们复习的目标，就是把各个知识点变为长期记忆，存储到大脑中。如果你是学渣的话，对各种基础知识掌握不牢靠，那么记忆同样的内容，就困难得多，因此努力的初期效果并不明显，因为你的记忆没有依靠，不能有序地组织在一起。必须有一定基础后，才能让新的知识点扎根，渐渐扩展。也就是说学渣的学习曲线是指数加速的，前期很慢，后面会越来越快，如下图所示。

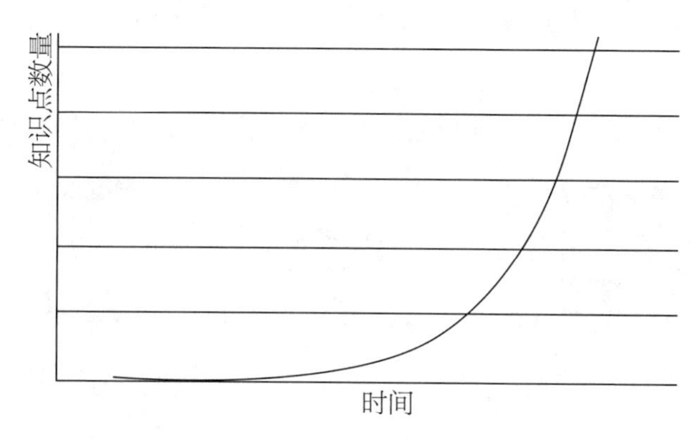

不过这也是公平的，前面不努力，落下了很多功课，要想追上去，肯定要吃苦头才行。

6.2.3 前摄抑制与后摄抑制

第一次见到这两个词，你一定觉得很陌生。在写书的时候，我尝试用通俗的文字起标题，后来发现，还是用这个术语比较好。下面进行名词解释。

- 抑制：可以理解为“干扰”，也就是影响学习效果的意思。
- 前摄：表示之前学习的内容。
- 后摄：表示之后学习的内容。

用一个例子说明：

你要背诵一篇课文，开始部分和结尾部分都记得最清楚，而中间部分最容易忘。这是因为开始部分受到中间部分的干扰，影响了对开始部分的记忆，这种后面内容对前面内容的干扰叫作后摄抑制；结尾部分受到中间部分的干扰，影响了对结尾部分的记忆，这种前面内容对后面内容的干扰叫作前摄抑制；中间部分受到开始部分和结尾部分两部分内容的干扰，也就是同时受到了前摄抑制和后摄抑制，这样就严重影响了对中间部分的记忆，因而，中间部分记忆效果最差。最后的结论如下图所示。

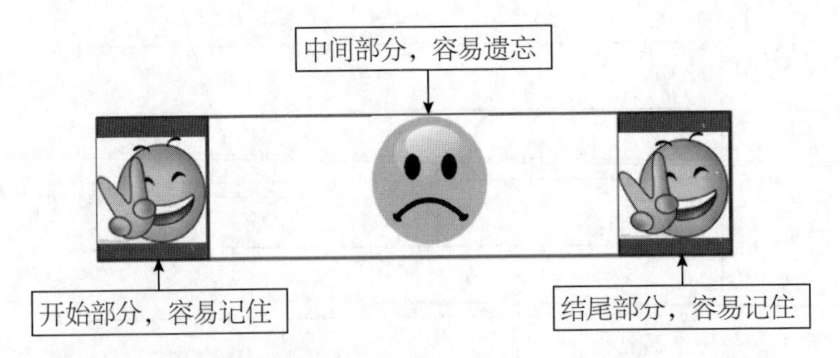

另外，前摄抑制与后摄抑制还受许多因素的制约。

- 相似性制约：先后学习的两种知识完全相似时，后继学习相当于复习，不会产生相互干扰。若先后两种学习材料完全不相似时，互不相干，也不会产生相互干扰。只有当两种知识处于既相似又有不相似的状况时，干扰作用最大。
- 时间间隔制约：在学习完第一种知识后，立即进行第二种知识的学习时，所产生的抑制作用最大，随着时间间隔加大，抑制作用减少。
- 掌握程度制约：先学知识的巩固程度越高，意味着内部联系越紧密，越能抵御后摄抑制干扰作用；反之，则越容易受干扰作用的影响。后摄抑制也是如此，如果后学习知识掌握得牢固，受到前面知识的影响就会小一些，否则就会受到严重干扰。

读起来是不是很费劲？这是前辈们的研究成果，下面我们讲解这个规律的具体运用。

1. 睡前醒后是记忆的黄金时段

“睡觉前”和“醒来后”是两个记忆的黄金时段！睡前用来复习以前学过的内容，对于24小时内接触过的信息，根据记忆曲线可知，能保持34%的记忆，这时稍加复习便可恢复记忆，由于不受后摄抑制的影响，识记材料易储存，会由短时记忆转入长期记忆。

另外，睡眠过程中记忆并未停止，大脑会对接受的信息进行归纳、整理、编码、储存。所以睡前的这段时间非常宝贵。建议同学们晚上睡觉前，快速翻看一下白天的重点，或者翻看一下错题本，然后尽量少卧谈，快速进入睡眠状态，这样效果最好。

早晨起床后，由于不会受前摄抑制的影响，记忆新内容或再复习一遍昨天内容，则整个上午都会记忆犹新。

2. 不要和一科较劲

这一点尤其提醒偏科的同学。比如你语文成绩特别差，突然有一天心血来潮，要把语文搞上去。于是所有的自习课都给了语文，甚至在其他课上也看语文。结果肯定会让你失望。因为干扰的缘故，你辛苦了半天，都被“抑制”了，最后只保留了前面的一点和后面的一点。

有的同学在制订复习计划时总喜欢把相同的科目放在一起来复习，觉得不用总是变化思维，其实人的思维是常变常新呀，这样可以克服材料间的干扰，并且不容易使思想产生厌倦感。所以说，复习时要做到文理交叉复习，以此来克服前摄抑制与后摄抑制的影响，并能从一定程度中克服材料的单一所带来的枯燥感觉。

正确的做法是文理科交叉复习，先学一节课语文，然后休息10分钟，再学数学，这两个科目之间不会互相干扰，从而增加记忆效率。

3. 课间休息不要“加班”

有的同学为了抓紧时间学习，把课间休息的10分钟也用上了，觉得这样能多学一些。其实这是非常愚蠢的做法。让大脑始终处于疲劳状态，不能整理之前的知识，反而效率低下。

正确的做法是，课间休息一定要放松下来，在外面做做运动，或者和同学聊聊天、散散步都是好的。

4. 不要一口吃成胖子

以学习英语生词为例，如果当天上午学习20个生词，那么，当天晚上集中复习一个小时就不如分散复习的效果好。我们可以当天晚上复习30分钟，第二天复习15分钟，第四天复习10分钟，一星期后复习5分钟。注意复习时间间隔逐步加长。一般来说，复习间隔最好为第一天、第二天、第四天和第七天，复习时间越来越短，复习间隔越来越长。

一天中的时间安排也是如此，早晨集中半小时的时间复习生词，就不及早晨复习20分钟、中午复习5分钟、晚上再复习5分钟的效果好。

6.2.4 熟睡后，大脑依然在工作

面对高考的同学，可能很讨厌睡觉，认为它占用了太多的时

间：如果都用来学习那有多好。但科学研究表明：人的记忆完全是在睡眠过程中形成和巩固的。当你睡着时，大脑确实在重播、分析、储存一天的事务，并留下记忆痕迹。睡眠状态下大脑的神经变化程度是清醒状态下的 2 倍，一些神经路径的讯号增强并形成细胞间的新连接，另一些路径的讯号变弱并失去连接，使得大脑内的记忆远比持续工作状态下清晰得多。

人的大脑要思维清晰、反应灵敏，必须有充足的睡眠，如果长期睡眠不足，会使人心情忧虑焦急，且大脑得不到充分的休息，就会影响大脑的创造性思维和处理事物的能力。

比如一个运动员在训练网球的时候，不管怎么练习都没有提高，精神也疲惫不堪，最后赌气睡觉去了。但是到了第二天，打球水平却出乎意料的好。这就是大脑在睡眠过程中自动学习的结果。

所以同学们一定要把睡眠当作朋友，这是人类几百万年进化出的结果，不要强行改变它。另外最好能睡到自然醒，别让闹钟强行打断大脑工作。

6.2.5 魔力之 7

美国心理学家约翰·米勒曾经进行过一个研究，就是一个人短时间内能记住多少内容。测试结果显示，正常成年人一次能记忆 7 项内容。这个“7”被称为“魔力之 7”或“怪数 7”。这个“七”既可以是 7 个汉字，也可以是 7 组双音词、7 组四字成语，抑或是 7 句七言诗词。

我们在记忆时可利用这一特点，把需要记忆的内容分配在 7 组之内，而这 7 组中的每一组的容量可适当加大。这样每一组相当于一个集成块，加大了集成块的含量，记忆效率应会大大提高。

比如记忆电话号码 01087372168，一个一个记要记 11 项，若分成 010-8737-2168 这样 3 组，则记忆起来就快多了。

我们睡觉前回顾当天知识的时候，尽量把它们压缩在 7 项以内，这样可以避免大脑“内存”不够用，增加记忆效果。

在我高二学语文的时候，就被这个魔力之 7 折磨了很久。因为语文的知识很零碎，我试图一次记忆很多生僻字，每天睡觉前写到一个纸条上，结果因为数量太多，超过了 7 个，导致每次都记不全，然后怀疑自己记忆力出了问题。后来改变策略，晚上记四五个，早上起床再记四五个，效果一下子就好多了。

第7章

高考语文技巧审题与解题

——感性世界里的理性“公式化”解题思维

高考语文题型形式多样，有选择题、填空题、简答题和作文题。非选择题基本都是属于主观性比较强的题型，在回答中没有“标准答案”，只有“参考答案”。

鉴于此，我们难道只能凭感觉答题，不能找到准确的解题方法了吗?

其实不然，语文高中题材下的提问都是有规律的，在解答中只要遵照这些规律，按照一定的解题“公式”就能像做数学题一样把关键的内容都回答出来。

下面我们一起来认识下语文中的公式吧。

7.1 音形辨析，排除筛选

字音辨析题答题技巧：常见字注音正确的可能性小。生僻字一般不会标错音。多音字的辨别也是从字意上来看。字形辨析题答题技巧：“形近而音”不同的别字。生僻字一般不会错。平时要多积累。

“据义辨音”、“据义辨形”是辨析汉字字形、字音最有效的方法。汉字是一种表意文字，除了少数象形字、指事字、会意字外，绝大多数为形声字。而形声字的形旁表意，即根据其形旁来判断字的意义。反过来，我们可以根据词语中某处语素（汉字）的意义来判断该语素的字形是否正确。

审清题干，用排除法是较好的方法。

【例题分析】下列各组词语中加点的字的注音，与所给注音全部相同的一组是（　　）。

A. 差 chā　差错　误差　差强人意　差可告慰

B. 解 jiě　解决　押解　浑身解数　不求甚解

C. 塞 sè　堵塞　边塞　闭目塞听　敷衍塞责

D. 提 tí　提炼　提防　提纲挈领　耳提面命

【错误思路】对这些多音字的理解不准确，没有从词义上去辨别这些音。

【正确解析】此题重点考查词语中有特定意义的汉字的读音能力。正确答案为A。A项中“差”本来有“chā”“chà”“chāi”“cī”四种读音，但A项中所给词语中的“差”都应该读“chā”。B项中“押解”的“解”应当读作“jiè”，“浑身解数”的“解”应当读作“xiè”。C项中“边塞”的“塞”应当读作“sài”。D项中的“提防”的“提”应读作“dī”。

【例题分析】下列各组词语中，没有错别字的一组是(　　)。

A. 拖沓　　娇生贯养　　伶俐　　倜傥不羁

B. 造次　　索然寡味　　迁徙　　惨绝人圜

C. 描摹　　幅员辽阔　　惶恐　　法网恢恢

D. 窥测　　慷慨激昂　　装祯　　提要钩玄

【错误思路】对以上的词语或成语理解不清，导致无法识别这些错别字。

【正确解析】此题考查错别字的识别，答案为C。A项中“娇生贯养”的“贯”应为“惯”，此词语的意思是“从小被宠爱纵容”；B项中“惨绝人圜”的“圜”应为“寰”，“寰”指广大的地域，而“圜”则是指圆；D项中的“装祯”的“祯”应为“帧”，“装帧”的意思是指书画、书刊的装潢设计，包括封面、版面、插图、装订形式等。

【技巧总结】

➢ 积累生字、疑难字

除了掌握3 500个常用字以外，我们还应积累在高中语文课本中出现且编者已注音、释义的生字以及一些疑难字。做到在阅读时不放过任何一个拿不准的难读字。另外不能受地方音的影响而产生误读。

➢ 注意多音多义字

（1）词性不同而读音不同。

（2）词义不同而读音不同。

（3）口语和书面语不同而读音不同。

（4）一般词语与专用词语不同而读音不同。

➢ 留心形近音异字

汉字中绝大多数是形声字，在形声字中有一部分字虽然字形相近，但是它们的读音却不同。在语音识记中，一定要克服“识字认半边”的现象。

语音复习，要弄清错读的原因，养成正确识记普通话字音的良好习惯，可采用平时点滴积累、考前强化识记的方法。答题时，要审清题干，认真分析，运用比较筛选的方法，结合字义，辨识字音。

7.2 观察选项，排除干扰

有时候不看原文，从选项中观察就可以排除一些选项，这种技巧对于我们求解非常有帮助。采用排除的方法，将明显有问题的选项先排除，逐渐减少选项。

抓选项干扰问题、找对应点，在比较中筛选答案。

【例题分析】阅读《天坛之美》回答下列理解，符合文意的一项是（　　）。

A. 天坛的建筑风格是以气势高耸、铺天盖地取胜

B. 故宫太和殿是明清两代北京的最高建筑，是帝王的象征

C. 天坛的大量圆形建筑表现了中国古人生生不息的宇宙观

D. 天坛的琉璃瓦采用蓝天，与蓝天相互融合，虚实相生

【错误思路】掉入出题者的陷阱，出现错误。

【正确解析】A 项中“气势高耸，铺天盖地”在原文中无依据，属于无中生有；B 项属于偷换概念；D 项夸大其词；只有 C 项与原文一致。

【技巧总结】抓干扰选项的规律，得高分，何乐而不为。

这些题型玩的就是文字游戏，命题者改造原文设置错的部分定语或状语（复句的部分分句），从而改变句意。

➢ 设干扰的常用五种方法

添：添加定语或状语。

删：删除句子而改变句意。

换：换用别的的词语代替，造成似是而非。

调：调换词语或句子顺序，从而改变句意。

凑：将意义有关或无关的几个词语（句子）杂糅凑合而造成错误。

➢ 仔细辨别干扰项逻辑错误，特别关注选项中处于定语或状语位置的类似词语是否为等值转换

（1）偷换概念：通过漏字、添字、改字、换序等方法扩大、缩小或转移概念。尤要注意代词的指代。

（2）以偏概全：以部分代整体（或相反），以个别代一般（或相反），以特殊代普遍。

重点关注：

其一，表数量多少的词语（少数、部分、几个、大多数等）；其二，表范围大小的词语（凡、全、都、所有、部分等）；其三，

表程度轻重的词语（特别、十分、稍微等）；其四，表频率高低的词语（通常、总是、有时、偶尔等）。

（3）混淆时态：（已然与未然）已经，曾经，过去；现在，目前；将要，尚未等。

（4）混淆模态：（可能与必然）一定，必将；可能，估计，如果，未必等。

（5）正话反说：即肯定和否定颠倒。

（6）顺序错乱：时间先后错位，逻辑事理先后错位，空间位置错乱。

（7）颠倒因果："因"与"果"错位；或"条件"与"结果"错位。

（8）强加因果：即两件事无因果关系，却强行说成有因果关系。

（9）无中生有：即原文无此信息。

（10）答非所问：即选项回答的不是题干中的问题，或没有答全题干中问题的几层意思。

➢ 别让以下几点成为答题盲区。

（1）不能只看选项本身的错对，注意选项是否答非所问。

（2）题干中有"根据""证据""原因"等字样，选项与题干之间要能构成因果关系。

（3）有的选项要选最佳答案，而非正误选择。

（4）题干涉及几层意思，选项中则要答全几层意思。

平时练习时我们不能满足于知道答案，要多揣摩、多实践，在语言运用的实际活动中不断提高能力。

7.3 问什么答什么，就近取材

高考语文阅读中其实很多问题不是过于复杂，只要我们能找到问题中的关键词句，然后找到原文出处就能分析出答案，即问什么答什么，怎么问怎么答；就近找答案，尽量抄原文；抓住关键词、短语答题目，分条来排列；要用肯定句，原文中找依据；一篇文章看开头和结尾，一个段落看第一句和结尾句。

当然，至于如何看句子之间的关系，如何看过渡句和过渡段，什么承上启下，什么铺垫烘托，还是要理解的，平时脑子里还要记一些有关文章理论的术语。

【例题分析】阅读下面一段文字，完成下题。

转基因作物同普通植物的区别只是多了能使它产生额外特性的基因。早在1983年，生物学家就已经知道了怎样通过生物工程技术将外来基因移植到某种植物的脱氧核糖核酸中去，以便使它产生靠杂交方式根本无法获得的某种新的特性：抗除莠剂的特性、抗植物病毒的特性、抗某种害虫的特性等。用以移植的基因可来自任何生命体：细菌、病毒、昆虫等。

……

对于这种技术，尽管还有些问题需要继续研究，但这确是人类9 000年作物栽培史上一场空前的革命。

根据文意，对“转基因作物”理解正确的一项是（　　）。

A. 因环境影响脱氧核糖核酸的变化而产生额外特性的作物

B. 能够产生抗除莠剂、抗植物病毒等额外基因的作物

C. 一种利用移植其他生命体基因而形成的新的杂交作物

D. 移植了其他生命体基因从而产生额外特性的作物

【错误思路】从全文去看这个概念，浪费时间，反而找不到准确答案。没有抓住关键词和中心句。

【正确解析】第23题答案为D。本题考查对“转基因作物”一词的理解，即对这个概念的理解。原文第一句说：“转基因作物……害虫的特性等。”可见构成“转基因”的基本信息是“产生额外特性”和“移植”。A项把“将外来基因移植到某种植物的脱氧核糖核酸中去”改为“因环境影响”，显然不当。B项只是援引了原文的例子，没有归纳和概括。C项虽指出了“移植”，却把产生“额外特性的作物”变成“杂交作物”。只有D项信息完备，说明正确。

【技巧总结】从原文中找答案是最好用的解题方法，两个步骤非常重要。

审题：明确问题和关键词，定位原文。

推断：推理关键词和问题之间的关系。

7.4 务求甚解，又不求甚解

我们对文言文题普遍有一定的畏难情绪。其实，只要稍稍作一点准备，就会发现，历年的高考都有一定的规律。高考选文标准是：文不甚深，言不甚俗。我们想要不借助工具书百分之百读懂这些文言文是不可能的，所以要不求甚解；但对于一些关键的词句、文言现象，特别是题目涉及的问题务求甚解。

【例题分析】阅读下面的文言文，完成下题。

陆贾从高祖定天下，名为有口辩士，居左右，常使诸侯。及高祖时，中国初定，尉佗平南越，因王之。高祖使陆贾赐尉佗印，为南越王。陆生至，尉佗椎结[①]箕踞见陆生。陆生因说佗曰："足下中国人，亲戚昆弟坟墓在真定。今足下弃反天性，捐冠带，欲以区区之越与天子抗衡为敌国，祸且及身矣！且夫秦失其政，诸侯豪杰并起，惟汉王先入关，据咸阳。项籍背约，自立为西楚霸王，诸侯皆属，可谓至强。然汉王起巴蜀，鞭笞天下，劫诸侯，遂诛项羽灭之。五年之间，海内平定，此非人力，天下所建也。天子闻君王王南越，不助天下诛暴逆，将相欲移兵而诛王；天下怜百姓新劳苦，且休之，遣臣授君王印，剖符通使。君王宜郊迎，北面称臣。乃欲以新造未集之越，屈强于此。汉诚闻之，掘烧郡王先人冢墓，夷种宗族，使一偏将将十万众临越，越则杀王已降汉，如反覆手耳。"于是尉佗乃蹶然起坐，谢陆生曰："居蛮夷中久，殊失礼仪。"因问陆生曰："我孰与萧何、曹参、韩信贤？"陆生曰："王似贤。"复问："我孰与皇帝贤？"陆曰："皇帝起丰、沛，讨暴秦，诛强楚，为天下兴利除害，继五帝、三王之业，统理中国，中国之人以亿计，地方万里，居天下之膏腴，人众车舆，万物殷富，政由一家，自天地剖判，未尝有也。今王众不过数十万，皆蛮夷，踦鲆区山海之间，譬若汉一郡，何可乃比于汉王！"尉佗大笑曰："吾不起中国，故王此；使我居中国，何遽不若汉！"乃大悦陆生，留与饮数月，曰："越中无足与语，至生来，令我日闻所不闻。"陆生拜尉佗为南越王，令称臣奉汉约。归报，高祖大悦，拜为太中大夫。

（节选自《说苑·奉使》）

南越王尉佗者，真定人也，姓赵氏。秦时已并天下。至二世时，南海尉任嚣病且死，召龙川令赵佗。即被佗书，行南海尉事。嚣死，佗因稍以法诛秦所置长史，以其党为假守。秦已破灭，佗即击并桂林、象郡，自立为南越武王。高帝已定天下，为中国劳苦，故释佗弗诛。汉十一年，遣陆贾因立佗为南越王。

（节选自《史记·南越前传》）

【注】①椎结：同“椎髻”，发髻梳成一撮，形状如椎。②踦鳄区：同“崎岖”。

对下列句子中加点词的解释，不正确的一项是（　　）

A. 亲戚昆弟坟墓在真定　　亲戚：父母

B. 如反覆手耳　　反覆：翻转

C. 人众车舆　　舆：众多

D. 政由一家　　由：如同

【错误思路】对文言文实词理解不准确；联想上下文未准确把握词义。

【正确解析】此题答案为D，由：出于。本题考查理解常见文言实词在文中的含义，考查的语段和内容是我们陌生的，但知识点却是课内的，可从学过的文言篇目或熟知的成语典故中找到相关依据。因此我们拿到考题时要运用联想，联想已学过的课文、现代汉语双音节词和成语，注意古代汉语中通假字、偏义复词、一词多义、古今异义四种情况。

【技巧总结】

➢ 文言实词题

分析字形，辨明字义。从字音相同推测通假字。用互文见义对照解释前后词。用成语比较推导词义。联系上下文，前后照应，保持一致。

实词理解：将给出的词义带进原文，通顺就对，不通就错。从没有听说过的实词释义往往是对的，干扰你罢了。

➢ 古今异义题

将该词语的今义带进原文，通则对，不通则错。

➢ 文言虚词题

翻译这个文言虚词与现代汉语进行比较，看是否翻译成同一个词。先理解翻译所学课文中的虚词，再比较文段中的虚词。联系文句的整体意义和上下文的意义，注意辨明上下文的关系。借助语句的结构，看两句中该虚词词性和所作的成分是否相同。

虚词比较：每组中利用给出的高中学过的另一句子来推断文中句子的虚词用法。

➢ 文言实词释义题

本题往往考查多义实词、古今异义词、通假字、偏义词及词类活用等知识点。

注意：实词理解题不完全在于考你是否记得实词意思，更主要是考你是否会利用上下文进行推测。掌握常见的理解和推断实词在文中含义的方法如下：

（1）从语法搭配的角度辨析词性；

（2）从语义搭配的角度推测词义；

（3）从语境暗示的角度推断词义；

（4）从字形构成的角度推测词义；

（5）从词类活用（古今异义）等用法的角度推断词义；

（6）从句子结构对称的角度推断词义；

（7）从字音字形通假的角度推断词义。

7.5 断句翻译，忠实原文

高考文言文翻译时要重视直译，忠实于原文，在关键实词和虚词的理解上要学会联想到已学过的知识点，古文很多虚词实词的词义都是互通的。

➢ 文言文断句方法

通读全文，把握大意；先易后难，攻破难点；寻找标志，辅助标点。

➢ 文言文翻译原则

直译为主，字字落实：忠实原文意思，不遗漏，也不能多余。

意译为辅，文从句顺：明白通顺，合乎现代汉语的表达习惯，没有语病。

【例题分析】根据上例题（节选自《说苑·奉使》）画线的句子翻译成现代汉语。

（1）今足下弃反天性，捐冠带，欲以区区之越与天子抗衡为敌国，祸且及身矣！

译文：________________________________（4分）

（2）吾不起中国，故王此；使我居中国，何遽不若汉！

译文：________________________________（3分）

（3）越中无足与语，至生来，令我日闻所不闻。

译文：________________________________（3分）

【答案】（1）而现在您却一反中国人的习俗，丢弃衣冠巾带，想用只有弹丸之地的小小南越来和天子抗衡，成为敌国，那你的大祸也就要临头了。

（2）我不能在中原发迹起家，所以才在此称王。假使我占据中国，我又哪里比不上汉王呢?

（3）南越人当中没有一个和我谈得来，等你来到这里之后，才使我每天都能听到过去所未曾听到的事情。

【错误思路】对关键词认识不清或者过于意译。

【参考解析】本题考查我们理解并翻译文中的句子的能力。“理解并翻译文中的句子”侧重于考查对句意的理解与表述，具有综合性的特点。翻译要根据上下文意，以直译为主，以意译为辅，字字落实，引申、调整、补充，注意重点实词、虚词含义的准确，注意文言句式、通假字的用法等。得分点：（1）“足下”“捐”“区区”各1分，流畅1分；（2）“中国”“王”各1分，流畅1分；（3）“语”“生”各1分，流畅1分。

【技巧总结】

在通读全文、了解大意的基础上利用以下方法。

➢ 虚词标志法

句首常有“盖、夫、惟、凡、故、今、若夫、且夫、至于、至若”等虚词；句尾标志词有“也、乎、焉、矣、耳、哉、与（欤）”等虚词。

➢ 实词标志法

对话、引文常常用“曰”“云”“言”为标志，一般情况下碰到它们都要停顿；文言文谓语，可利用此特点在它之前找主语，之后找宾语。

➢ 修辞标志法

为使文章达到句式整齐、语气连贯的效果，古人写文章经常运用对偶、排偶、顶真、层递、反复等修辞技巧，如果以此特点为依据，其准确性更高。

➢ 名物标志法

名词和代词常作主语（句首）和宾语（句尾）来断句。还要懂得古代文化常识，诸如年龄、称谓、纪年纪日、职官等方面的知识。

➢ 结构标志法

利用固定结构的成对搭配性及位置的相对固定性，如有些关联词常常能承前启后，它们前面一般可断句，如“是故、于是、是以、向使”等。

做文言文翻译题时可采用以下方法，并注意赋分点。

（1）方法：做好“换、留、删、补、调”。一定要直译，不要意译，要字字落实，忠实于原文。

（2）赋分点：

a. 译准词义：实词（含词类活用、通假、偏义词、修辞语句）及虚词和固定结构。

b. 译准句式（被动句、判断句、省略句、倒装句）。

c. 译准句子语气（陈述、疑问、感叹、祈使语气）和句间关系（并列、转折、因果等复句关系）。

7.6 古诗词理解，找准意象

古诗词鉴赏是高考中一大题型，我们在阅读和解题时会有一些困难，总觉得无法准确把握诗人的思想，在鉴赏中也会有困难。

这是什么原因呢？没有找到正确的意象！

古诗词最大的特点就是有特定的意境、意象、形象，诗人以此作为自己情感的寄托。所以我们在拿到一首诗时就要找到这些意象，找准关键词，并理解其表达的真实含义。

提问形式如下：

（1）这首诗营造了怎样的意境？表达了诗人什么样的思想？

（2）这首诗写了什么样的意象？表达了怎样的情感？

（3）通过诗中的形象塑造，表现了诗人怎样的情感？

鉴赏古诗的意境，要注意作者选取了哪些景物（意象），有什么特征，渲染了何种气氛或传达了何种情感，情景之间的关系如何等问题。

所谓意象，就是客观物象经过创作主体独特的情感活动而创造出来的一种艺术形象。简单地说，意象就是寓“意”之“象”，就是用来寄托主观情思的客观物象。分析诗歌意象要根据诗歌描绘的具体物象和画面识别其性质，并在读懂诗歌的基础上概括出诗歌意象的象征意义和社会意义。

诗歌作品中的形象指的是诗歌作品创造出来的生动具体的、寄寓作者生活理想和思想感情的艺术形象，它包括人物形象、事物形象和景物形象三种。

答题万能公式：

➢ 描绘诗中展现的图景画面（或指出描写的具体景象、意象、形象）

我们应抓住诗中的主要景物用自己的语言再现画面。描述时要注意两点：一要忠实于原诗，用自己的语言，切忌直接引用；二要用自己的联想和想象加以再创造，要描摹出主要的景物。不必每句、每个景物都写到，但要写到主要的景物语言力求优美。

➢ 概括景物营造的氛围（意境、意象、形象）特点

一般用两个双音节词概括这些景物所营造的情境的氛围特

点，例如孤寂冷清、恬静优美、雄浑壮阔、萧瑟凄凉等，注意要能准确地体现景物的特点和情调。

➢ 揭示形象意境意象的意义（情感、理想、追求、品性等）

切忌空洞，要答具体。比如光答“表达了作者感伤的情怀”是不行的，应答出为什么而“感伤”。

【例题分析】阅读下面的唐诗，完成题目。

度破讷沙①（其二）

李益

破讷沙头雁正飞，鸊鹈泉②上战初归。平明日出东南地，满碛寒光生铁衣。

[注]①破讷沙：沙漠名。②鸊鹈泉：泉水名。

请从意境营造的角度，赏析全诗。

【错误思路】一是描摹景物时采用直译的方法，变描摹为翻译；二是我们往往着重于“思与境偕、情景相融”的正衬模式，而忽略了一些诗歌是通过景物来反衬思想感情，造成理解思想感情的错误。

【参考解析】步骤一，全诗描绘了戍边将士战罢归来的图景，前两句写大漠辽远、大雁高飞，既有胜利者的喜悦，也有征人的乡思；后两句写日出东南、铁衣生寒，既表现了壮阔背景上军容的整肃，也暗含了军旅生活的艰辛。步骤二，诗歌撷取极具边塞特色的含蕴丰富的意象，通过喜忧、暖冷、声色等的比照映衬，营造出雄健、壮美的意境。步骤三，抒写了征人慷慨悲壮的情怀。

【技巧总结】

➢ 意象作用

营造气氛；设置背景或环境；塑造意境；奠定情感基调；借

景抒情；衬托（人物性格、品质；以景衬境、以景衬情）；诗歌线索。

➢ 形象类型

（1）人物形象。诗歌中的人物形象有两种类别：一类是抒情主人公的形象，即诗人自己；另一类是作品刻画的人物形象。鉴赏诗歌中的人物形象，就是分析诗中诗人所塑造的人物的行为、神态、心理、性格、情感、观点、处境等内容，把握人物形象的个性特征。

具体分析思路与方法：知人论世，结合背景了解人物当时的情境；分析人物的行为、语言、心理，把握人物特征；抓住表露人物情感或思想的词句；借助意象和典故，展开联想和想象，感知形象。

（2）事物形象。有些作品以某些事物为具体描写对象，在形象描写中将事物人格化。

具体分析思路：捕捉所写物象描写特征的词语，分析物象的外在特征（形、色、声、态等）、环境特点和内在品性；挖掘物象内在的品格、精神，抓住物与志的“契合点”；联系诗人自身经历和所处社会环境，揣摩诗人所托之情、所言之志。

常用的方法：从整体构思看，表现手法是托物言志或象征；从具体描写方法看，有正面描写、侧面烘托、对比及常用修辞（比喻、拟人、夸张）等。

（3）景物形象。景物形象指写景诗或杂诗中的一般景物。抒情诗往往借助客观事物来表达感情，这种承载主观感情的客观事物也是景物形象。它包括景物描写（季节、时令、地域等）、场面描写（农事、战争、狩猎、离别等）、色彩描写。

7.7 鉴赏诗意，抓住艺术手法

古诗词短短的几句话就能把想要表达的情感表达清晰，这是离不开艺术手法和作诗技巧的。我们在赏析中只有抓住这些艺术手法，摸清不同意象、形象之间的关系，才能准确把握诗意。

提问形式如下：

（1）这首诗用了怎样的表达技巧（表现手法、艺术手法、艺术技巧）？

（2）这首诗（某某诗句）在写景（抒情、描写人物 / 某某）上有什么特点?

（3）从 A 与 B 的角度分析这首诗。

这类提问注重的是诗歌整体的艺术表现特色，主要应从诗歌的整体构思、诗歌整体的艺术技巧方面来解答；或者考查的是表达技巧的内容，主要针对的是情景关系、虚实关系、动静关系、抑扬关系等，提问时一般会明确说出，解答时要结合诗句内容分析说明其具体关系。

答题万能公式：

（1）明手法（关系）：准确指出用了何种手法（两者之间的关系）。

（2）释理由（运用）：结合诗句阐释为什么是用了这种手法（关系在诗歌中的体现）。

（3）析作用（效果）：此手法怎样有效传达出诗人怎样的感情（关系的作用是什么）。

【例题分析】阅读下面这首诗，回答问题。

早 行

陈与义

露侵驼褐晓寒轻，星斗阑干分外明。寂寞小桥和梦过，稻田深处草虫鸣。

问：此诗主要用了什么表现手法？有何效果？

【错误思路】对诗歌的表现手法不熟悉，无法准确找到诗歌中的意象表达，解答不准确。

【参考解析】步骤一，主要用了反衬手法。步骤二，天未放亮，星斗纵横，分外明亮，反衬夜色之暗；“草虫鸣”反衬出环境的寂静。步骤三，两处反衬都突出了诗人出行之早，心中由漂泊引起的孤独寂寞。

【技巧总结】

➢ 艺术技巧

（1）表达方式：记叙、描写、抒情、议论、说明。

（2）修辞手法：比喻、比拟（拟人、拟物）、夸张、借代、对偶、设问、反问、双关、顶真、谐音、互文、反语、通感、排比、反复等。

（3）抒情手法：直接抒情（直抒胸臆）、借景抒情、寓情于景、情景交融、乐景写哀情、乐景写乐情、哀景写哀情、哀景写乐情；托物言志；借古抒怀（借古讽今）。

（4）描写手法：动静结合、以动衬静、以静衬动；虚实结合、虚实相生、由实到虚、由虚到实；正侧结合（正面描写与侧面描写）；点面结合（以点写面、以面写点）；抑扬结合（先抑后扬/欲扬先抑、先扬后抑/欲抑先扬）。

（5）结构技巧：首尾照应、开门见山、层层深入、曲笔入题、卒章显志、以景结情、总分得当、以小见大、过渡、铺垫、伏笔、悬念等。

➢ 表达技巧

（1）情景关系：触景生情、借景抒情、寓情于景、情景交融/以乐景写哀情、以乐景写乐情、以哀景写哀情、以哀景写乐情。

（2）动静关系：动静结合（以动衬静、以静衬动）。

（3）虚实关系：虚实结合/虚实相生（由实到虚、由虚到实）。

（4）抑扬关系：抑扬结合（先抑后扬/欲扬先抑、先扬后抑/欲抑先扬）。

7.8 读懂文章，首要审准题眼

我们在阅读过程中注重审题：从题干中求启示，寻求解题的突破口，确保准确答题。题干具有以下作用：暗示答题区域；暗示答题思路；暗示答题方法；暗示答案本身。审题时注意：

（1）是否选准题眼（答题重点）；

（2）是否选全要点（要答几个方面）；

（3）是否选准角度（以谁为陈述主体）；

（4）是否选好恰当的句式（要与设问的句式一致）。

【例题分析】阅读下面的文字，完成下题。

沙　尘　暴

人类总是依据自身的利益评价外部事物，将之分成优劣好坏，而大自然则另有一套行为规范与准则。现在人们闻之色变的沙尘暴，即由于强烈的风将大量沙尘卷起，造成空气混浊，能见度小于千米的风沙天气现象，其实古已有之。它本是雕塑大地外貌的自然力之一，是大自然的一项工程，并且在全球生态平衡中占有一席之地……

下列对沙尘暴的解释，最准确的一项是（　　）。

A. 沙尘暴是由于风将大量沙尘卷起，使空气混浊，能见度小于千米的风沙现象

B. 沙尘暴是雕塑大地外貌的自然力之一，是大自然保持全球生态平衡的一项工程

C. 从地质史上看，沙尘暴是风力对草原带有的风化物质进行筛选分类的结果

D. 沙尘暴是那些颗粒适中的粗砂和细砂被大风吹移到附近就地聚集成沙漠形成的

【错误思路】对题设求定义的理解有误，未找到准确的答案。

【正确解析】答案为A。本题考查对“沙尘暴”概念的理解。解答本题，只要掌握初中的关于下定义的说明方法，就显得非常轻松。下定义是揭示概念的内涵，即揭示出事物区别于其他事物最本质的特性，A项正是从沙尘暴的成因、构成要素和形态等方面全面揭示出事物的本质特性，也非常符合下定义的标准形式。其余三项均为未能揭示或部分揭示了事物的本质特性。

【技巧总结】无论是审题还是解题都是需要有准确方向的，无论是选择题还是简答题都需要有回答到点上的思路，所以以下几点我们要在练习中训练。

注意整体阅读，注意抓以下三个方面：

（1）要有文体特征意识（散文和小说、新闻和传记的文体特征概述见后）；

（2）要有思路分析意识（边读边概括各段落意思及段与段之间的关系）；

（3）要有寻找中心句意识（每段的中心句，特别是文章的开头、结尾、过渡句以及标题）。

组织语言时，注意“问”与“答”要照应好。如问“为什么对作者来说这是一次短暂而愉快的旅行？”则：

（1）题眼（答题重点）是：短暂而愉快；

（2）要点（回答的内容）应包括：“短暂”和“愉快”两点；

（3）设问的角度：以“这”做陈述对象，而不是“作者”；

（4）句式应为：两个句子，且构成并列关系。

“规范作答”不能忘记以下三个原则：

（5）答案在文中（直接来源于文中或从文中提炼）；

（6）选择并重组文中关键词句（注意原文表述角度与设问角度是否一致）；

（7）分点分条作答（高考阅卷采点给分）。

7.9 细节理解，据线索推理

高考语文中有一些题型是根据线索推理和猜测的细节来理解题，要求我们能够具备较强的推断力和想象力，是对人的潜在能力的测试。

我们是否真正读懂了原文隐含的意思，不仅要我们会读而且要思考，探究文章以外的知识，为学习和研究打下坚实的基础。根据文章的内容进行推断和猜测，不是凭空进行的，而是有理有据的。有时，阅读材料没有给出现成的结论，这就要求我们能够根据文章的内容进行合理的推断和猜测，这是研究性学习所应具备的基本素质。

“推断”是阅读过程中一种创造性的逻辑思维活动，它要求我们在理解文意的基础上能进行以此推彼、以因推果、以已知推未知、以现在推知未来、以局部推知整体等以分析综合为主要特征的思维能力。

“猜测”是指在原有感性形象的基础上，创造出新形象的心理过程。没有想象，就没有创造，无论是创造想象还是再造想象，对阅读都是非常重要的。

推理和猜测应不断强化我们的“观点态度抽象性”的观念，培养“透过语言表层探究深层含义”的思维习惯并注意以下几点：

（1）分清真伪，明确前提；

（2）找准因果，强调逻辑；

（3）辨清范围，弄准已未；

（4）大胆想象，小心求证；

（5）紧扣原文，持之以据。

【例题分析】阅读下面短文，完成下题。

矛盾普遍存在于客观世界中，模糊性亦寓于万物运动之中……客观世界的模糊性反映在人脑中，便产生了概念上的模糊性……模糊理论力图用较为精确的数学语言和概念来描述现实中的模糊现象以及人脑中的模糊概念。如果说前人利用仿生学研究飞鸟而发明了飞机，那么当我们今天研制和应用计算机的时候，却不可忘记最优秀的仿生标本——人。人的思维、判断是那样巧妙，人的经验是那样丰富，人类如何将自己的智慧教给计算机，将自己的思维方法传授给计算机，甚至用自己的艺术修养及审美观念去“陶冶”计算机，使计算机具有更多的“人性”，这已成为模糊理论工作者肩负的历史使命。

下面对本文的理解，符合文意的项是（　　）。

A. 模糊性寓于万物运动中，客观世界是在模糊与清晰的矛盾之中发展的

B. 模糊理论研究的是客观世界的模糊性，所以它要用模糊的语言进行描述

C. 将人类灵活巧妙的思维判断赋予计算机，有赖于模糊理论在更高水平上的应用

D. “人”能成为计算机的仿生标本，是因为人脑的模糊性大于客观的模糊性

【错误思路】推理不符合原文的意思，造成错误。

【正确解析】答案为 C。此题为典型的推断题。A 项错在无因果关系，原文中“矛盾普遍存在于客观世界中，模糊性亦寓于万物运动之中”是以“矛盾”类比引出“模糊性”，属于并列关系，不能看成因果关系；与 B 项相关的原文是“模糊理论力图用较为精确的数学语言和概念来描述现实中的模糊现象以及人脑中的模糊概念”一句，这里推断出“模糊语言”，是故意把意思说反了；D 项是因果倒推，细看原因是“因为人脑的模糊性大于客观的模糊性”这一前提根本不存在，从原文看，“‘人’能成为计算机

的仿生标本”的原因应该是“人类如何将自己的智慧教给计算机，将自己的思维方法传授给计算机，甚至用自己的艺术修养及审美观念去‘陶冶’计算机”。

【技巧总结】推断不是凭空进行的，只有在充分理解并把握文章内容的前提下，才能对事物的发展和变化趋势作出理性的推断，它要求我们具有较高的思维品质，并能进行创造性的阅读。根据文章的内容进行推断，可从以下几个方面来研究：

（1）对应原文内容；

（2）弄清因果关系；

（3）依据全篇主旨；

（4）分辨“已”“未”情况；

（5）明确推断范围；

（6）防止曲解原意。

7.10 文学作品分析，语感欣赏

语文很注重我们的语感，培养语感需要的不仅是阅读能力，还需要加强理解能力，这里的技巧性很强。语文有时候是凭借语感，第一印象就非常关键，如果要修改第一次选择的内容一定要慎重思考。我们在做题，尤其是选择题，第一印象一般是比较准确的，在修改答案时要慎重。

什么是语感？如何培养语感？其实我们不要把语感想得过于复杂，在日常学习中只要掌握一些技巧就能很好地培养阅读的语感。这里需要从重点语句着手，抓住关键的内容，然后从全文上去理解作者的情感和写作目的。

【**例题分析**】阅读下面的文字，完成下题。

乡土情结

柯　灵

每个人的心里，都有一方魂牵梦萦的土地。得意时想到它，失意时想到它。逢年逢节，触景生情，随时随地想到它。辽阔的空间，幽眇的时间，都不会使这种感情褪色：这就是乡土情结。

人生旅途崎岖修远，起点站是童年。……一个人为自己的一生定音定调定向定位，要经过千磨百折的摸索，前途充满未知数，但童年的烙印，却像春蚕作茧，紧紧地包着自己，又像文身的花纹，一辈子附在身上。

……

……

“美不美，故乡水，亲不亲，故乡人”，此中情味，离故土越远，就体会越深。科学进步使天涯比邻，东西文化的融会交流使心灵相通，地球会变得越来越小。但乡土之恋不会因此消失。

从文中看，乡土都给人们打下了哪些“童年的烙印”？（不超过28个字）

【**答案**】①父母亲族的爱；②家乡的山水草木；③悲欢离合的家史；④邻里乡情。

【**错题思路**】对“童年的烙印”的理解不准确，无法感悟其中的意境。

【**参考解析**】本题在考查学生对文中重要词语的理解的同时，也考查学生对文中信息的筛选整合以及对内容要点的归纳。

本文的主旨是歌颂乡土情结，乡土情结贯穿于全文，乡土情结的形成、发展、表现和升华是本文的主线。而童年是人生的起点站，“童年的烙印”在人们乡土情结的形成过程中是至关重要的一环，能否搞清“童年的烙印”这一重要词语所包含的内容是能否读懂全文的关键。答案就在第二段。但作者对“童年的烙印”的描写是艺术化、形象化的，生动具体、细致入微，为我们提供了大量的信息，这就需要我们在理解“童年的烙印”这一词语内涵的基础上，对文中的信息筛选整合，然后归纳出“童年的烙印”包括父母亲族的爱、家乡的山水草木、悲欢离合的家史、邻里乡情四方面的内容。

【技巧总结】

➢ 理解文中重要词语的含义

文中“重要”词语主要有：

（1）体现作者立场观点的词语。

（2）表现作品主题思想的词语。

（3）反映文章深层内容的词语。

（4）对文章结构起照应连接作用的词语。

（5）有比喻、借代、反语等意义的特殊词语。

（6）受上下文语意制约的“临时义”。

如何准确地理解文中重要词语的含义呢？在弄清词语“词典义”的基础上，具体的训练方法是：

（1）联系上下文选择恰当的义项。

（2）根据语境揣摩词派生出来的新义，分析词语所隐含的内容。

（3）准确指出代词所指代的内容，或指出某词语所指的对象或范围。

（4）弄懂语境中词的比喻义、借代义、反语义。

（5）辨析同义词、近义词在语言运用中的差异。

➢ 理解文中重要句子的含义

所谓“重要句子”，是指在文中起重要作用的关键性语句，如主旨句、概括句、过渡句等。阅读时如果不理解这些句子，就难以理解文章。纵观近年高考试题，“重要句子”通常指这样一些句子：

（1）内涵比较丰富、含义比较含蓄、利于我们发挥的句子。

（2）表现整个作品主题思想或脉络层次的关键性语句，即人们常说的“文眼”。

（3）全篇或某一段的中心句，对文脉的推进与转接有关键作用的过渡句。

（4）比较难理解的比喻句。

➢ 分析综合

（1）选并整合文中的信息。

（2）分析文章结构，把握文章思路。

（3）归纳内容要点，概括中心思想。

（4）分析概括作者在文中的观点态度。

（5）根据文章内容进行推断和想象。

➢ 鉴赏评价

（1）鉴赏文学作品的形象、语言和表达技巧。

（2）评价文章的思想内容和作者的观点态度。

7.11 抱着话题打滚，亮点抓眼球

高考语文作文命题需要重视题型的选择和素材积累，高中学习中基本题型有三种，我们可以结合材料来判断自己的写作类型是什么。

➢ 命题作文

命题作文和话题作文虽然不是同一概念，但二者有交叉的地方。有些命题本身就是话题，这样的命题与话题作文，二者立意完全相同。

有些命题就不能仅仅把它看作话题，因为它已经是作者的观点或主张了。这样的命题作文，立意必须严格服从题目的指向（作文的标题也不得改变）。

➢ 话题作文

话题作文一般由“引入性材料 + 阐释性话语 + 话题核心词 + 写作要求”构成。“材料”主要用来引出话题，同时对话题的走向起导向和提示作用；“提示语”主要是启发审题立意，打开写作思路；“要求”则是写作时注意的事项，写作时不可轻视。话题作文审题包括：审材料，审提示，审话题，审要求。最关键的是审话题，包括审准话题的写作范围与写作重点。

话题作文的立意应考虑的几个方向：话题表达的主题更加明确；话题要表达的主题更加具体；话题要表达的主题易于深化；话题要表达的主题更为新颖。从话题作文的话题结构特点看，话题可分为词语型话题、句子型话题、关系型话题。

➢ 材料作文

在写法上，以往的材料作文很容易套用“三段论”“四步法”。

引述材料、分析材料、联系材料、归结材料几乎成了这类作文固定的写作模式（并不是说这种模式完全要不得，作为基础训练它是可以的，但在选拔考试中，这种模式作文肯定占不了什么优势）。

话题式材料作文，除了明确限定性内容外，同学们在写作时，完全可以从简审题，突破传统材料作文所形成的种种方程式，在它为同学们提供的最广阔的思维空间里，大胆地发表对事物的高见，不拘一格地写出社会生活的五彩缤纷，写出自己最精彩的故事。

【例题分析】请比较下面两则材料并加以区别：

材料1：一只老鸟指着开着门的鸟笼对它的几个孩子说："进去吧，我早就为你们准备好了家。""不，我们要上天！"它的孩子回答说。请根据以上材料，写一篇议论文。

材料2：有人说当代中学生常常是矛盾的。一方面，带有个性的脸颊，他们开始认识到自我，自信"我就是我"；另一方面，在缤纷炫目、而且必须面对的生活面前，他们有时也迷茫，常常会问："谁能告诉我，我是谁？"请你结合成长中的亲身经历，以"我的故事"为话题，讲出一段真实的体验和感受。

【错误思路】三类命题理解不清晰，最终作文审题有误，造成离题。

【参考解析】通过比较，我们很容易发现，由于材料的"功用"不同，二者的区别是明显的。前一则材料，是文章立意的出发点和归宿点，同学们必须找准材料的"焦点"，审清"自立"这个题旨后才能构思写作；而后一则材料，仅仅为我们提示了一个内容指向，其写作范围也要比前者大得多。

【技巧总结】高考作文材料类型中学生必须抓住关键词，写作过程中一定要点题，并突出一些命题亮点。亮点突出能吸引阅卷老师的眼光，这样第一印象好，也就意味着印象分会比较高。

突出亮点和主题有以下几种方式。

（1）美化标题——绚丽彩虹亮人眼：切忌无标题或以话题为标题。题目要出新：揭示主题；反映内容；巧用修辞；化用名句；借用歌曲；妙用符号；呼告抒情。

（2）巧妙开头——入目即感满眼春：切忌抄原材料。入题要快。要展示自己的文采，让改卷老师先入为主。

（3）注重形式——巧持彩练当空舞：写好每一段的首句，每一段的首句犹如人的眉目，把首句写好，"眉清目秀"，整个段落都显得精神。

（4）扮靓语言——语不惊人死不休：多使用比喻、排比、对偶、拟人等修辞手法，遣词造句要用情感。

（5）扣住话题——任你东南西北风：话题出现频率要高。话题在正文中要经常出现，尤其是开头结尾，以免有套题、偏题、脱题的嫌疑。不要擅自将话题改变为其近义词，如将"纪念"改为"怀念"等。在写作的过程中，自始至终要回视话题，以免跑题。如果写了一半甚至写完了，发现自己跑题了，一般不要重来（时间不够，又影响卷面），加一些含有话题中词语的句子即可。特别是在结尾一段。

7.12 构思突破，写出自己

审题之后就是明确构思文章的结构，把作文的材料与"自己"的生活嫁接起来。这里的"自己"既包括自己生活的实践，更包含自己阅读其他材料的感受。一般来说，我们平时真正经历到的材料比较少，所以日常积累素材非常重要，借用他人材料，并用自己的语言表达出来也是实用有效的策略。

选择自己最擅长的文体，文体要固定；文体特征要鲜明，文体不限不代表没有文体，要写什么像什么。记叙文要 2/3 的篇幅落足于叙述，议论文反之。写记叙文，最好将主人公设定为自己，用第一人称入文,不喊口号,情真意切。写议论文要注意事例贴切、事理的分析、引用后的引申，做到首尾呼应。

构思是在动笔写作文之前，对文章的内容和表达方式的总体设计。它是作文过程中的一种创造性的复杂的思维活动。具体地说，文章构思就是对印在头脑中的材料作进一步的扩充、延伸、分解、组装，使之有序化、最优化。

【例题分析】2016 山东高考作文内容为：我的行囊，在人生的路上，行囊里有很多东西，有些东西已经准备却没有用到，有些没准备却用到，有的马上就要用，有的一直陪你走到最后。三种形式的内容，要求：选准角度，自定立意，自拟题目，不少于 800 字。

【错误思路】写自己不熟悉的内容，会让阅卷老师感觉不真实，内容也没有深意。

【参考解析】可写的东西很多，角度也有很多。我们要找自己真正经历的并有感受的，可以谈准备与未准备、预知和不可预知、有用和无用等，可以单独谈一个方面，也可以谈两者的关系。“旅程”与“行囊”当然可以坐实，但虚化地理解为人生旅途似可以有更广阔的展开空间。

这篇作文的构思如下：

（1）工欲善其事，必先利其器。

（2）凡事应预则立，不预则废。

（3）人生中有很多不可预知的东西。

（4）“不可预知”正是人生的魅力所在。

（5）人生不可彩排，每时每刻都是直播。

（6）“没用”的东西也是我们人生的陪伴者。

【技巧总结】

文从己出，我们写“我”的内容时思绪如泉涌，才能让真情流露，这对于应试非常有利。

作文要打上“我”的烙印，就要注意积累自己对生活的感悟，确立文章的立意要联系自己的生活经验。

常用的构思方法如下：

➢ “多次性”构思

要在头脑里反复思考，多转几个圈子。无疑，构思好一篇文章也一定要“多思深思”。

➢ “滚雪球”构思

根据题目提供的线索和给人最初产生的想法，展开联想，材料不断充实，认识逐步深入，最初的想法越来越丰富，就像滚雪球一样。

➢ “多角度”构思

要根据题材、文体、个人不同的构思习惯以及读者心理需求等因素来决定构思方法。

➢ 另类式构思

作文要求的提示语中提供一些写作范围或范例来启发学生思维和构思，我们在构思时尽量要做到与提示语中的信息不同，这就是另类构思的基本思路。

➢ 象征式构思

有些话题，如“桥”“路”“网”等，都既有实在含义，又有象征意义。构思时从其象征意义出发，发掘话题的深层含义，就是象征式构思。

➢ 比喻、拟人式构思

比喻、拟人式构思，常常使作文能从一个独特的角度入题，既新颖又形象。

➢ “陌生化”式构思

“陌生化”式构思即从陌生角度写熟悉材料所造成的一种新奇感。

➢ 矛盾冲突式构思

文似看山不喜平，直白的语言和平淡无奇的事件只能使人感到索然无味，如果能适时地调动起波澜，会增强文章的可读性。

➢ 组合式构思

把几个相互关联的画面按一定顺序组合成文，共同表现一个主题，使文章形散神聚，结构呈现内在的严谨性。

➢ 标题式构思

恰当运用小标题，能使线索清楚、层次明晰。使用简洁的小标题，既有提纲挈领、条分缕析之效，又可减少过渡文字的铺排，使重点突出；既可让文章疏密有致，卷面爽心悦目，又可充分展示学生的人文素养，吸引读者注意。

➢ 日记书信体构思

这种形式给同样的内容披上不同的外衣，效果迥然不同，会增强真实性，这种形式本身就有一种震撼力。

第8章

高考数学技巧审题与解题

——“巧思”“妙解”数量关系和空间形式

利用高考数学技巧是要让我们能在最短的时间里达到最高的解题正确率。高考选择题和填空题的常用技巧有排除法、特值法、验证法和数形结合法等，有时候数学答案不用计算也可以知道！做高考选择题时要根据题干和选项两方面的特点灵活运用构造法、逆推带入、归纳推理、数形结合等方法，避开“陷阱”，直击主题。

8.1 似曾相识，只需换个变量

有些数学题摆在面前我们似乎有些熟悉，但又感觉陌生，其实它们只是换了“发型或者衣服”，我们可以用换元法让它们变回我们最熟悉的样子！

换元法是指解数学题时，把某个式子看成一个整体，用一个变量去代替它，从而使问题得到简化。换元的实质是转化，关键是构造元和设元，理论依据是等量代换，目的是变换研究对象，将问题移至新对象的知识背景中去研究，从而使非标准型问题标准化、复杂问题简单化，变得容易处理。

换元法又称辅助元素法、变量代换法。通过引进新的变量，可以把分散的条件联系起来，隐含的条件显露出来，或者把条件与结论联系起来。或者变为熟悉的形式，把复杂的计算和推证简化。它可以化高次为低次、化分式为整式、化无理式为有理式、化超越式为代数式，在研究方程、不等式 、函数、数列、三角等问题中有广泛的应用。

【2015 高考山东，理 20】平面直角坐标系 xOy 中，已知椭圆 C：$\frac{x^2}{a^2}+\frac{y^2}{b^2}=1(a>b>0)$ 的离心率为 $\frac{\sqrt{3}}{2}$，左、右焦点分别是 F_1，F_2，以 F_1 为圆心以 3 为半径的圆与以 F_2 为圆心以 1 为半径的圆相交，且交点在椭圆 C 上。

（Ⅰ）求椭圆 C 的方程；

（Ⅱ）设椭圆 E：$\frac{x^2}{4a^2}+\frac{y^2}{4b^2}=1$，$P$ 为椭圆 C 上任意一点，过点 P 的直线 $y=kx+m$ 交椭圆 E 于 A，B 两点，射线 PO 交椭圆 E 于点 Q。

（i）求 $\frac{|OQ|}{|OP|}$ 的值；（ii）求△ABQ 面积的最大值。

【答案】（Ⅰ）$\frac{x^2}{4}+y^2=1$；（Ⅱ）（i）2；（ii）$6\sqrt{3}$。

【错误思路】没有换元的意识，在换元的过程中忽视范围的变化，导致计算出现差错。

【正确解析】（Ⅰ）由题意知 $2a=4$，则 $a=2$，又 $\frac{c}{a}=\frac{\sqrt{3}}{2}$，$a^2-c^2=b^2$，可得 $b=1$，

所以椭圆 C 的标准方程为 $\frac{x^2}{4}+y^2=1$。

（Ⅱ）由（Ⅰ）知椭圆 E 的方程为 $\frac{x^2}{16}+\frac{y^2}{4}=1$，

（i）设 $P(x_0, y_0)$，$\frac{|OQ|}{|OP|}$，由题意知 $Q(-\lambda x_0,-\lambda y_0)$ 因为 $\frac{x_0^2}{4}+y_0^2=1$，

又 $\frac{(-\lambda x_0)^2}{16}+\frac{(-\lambda y_0)^2}{4}=1$，即 $\frac{\lambda^2}{4}\left(\frac{x_0^2}{4}+y_0^2\right)=1$，所以 $\lambda=2$，即 $\frac{|OQ|}{|OP|}=2$。

（ii）设 $A(x_1, y_1)$，$B(x_2, y_2)$，

将 $y=kx+m$ 代入椭圆 E 的方程，可得 $(1+4k^2)x^2+8kmx+4m^2-16=0$

由 $\Delta>0$，可得 $m^2<4+16k^2$ ……………………………①

则有 $x_1+x_2=-\frac{8km}{1+4k^2}$，$x_1x_2=\frac{4m^2-16}{1+4k^2}$，所以 $|x_1-x_2|=\frac{4\sqrt{16k^2+4-m^2}}{1+4k^2}$

第8章 高考数学技巧审题与解题

因为直线 $y=kx+m$ 与轴交点的坐标为（$0,m$），

所以$\triangle OAB$的面积 $S=\frac{1}{2}|m|\cdot|x_1-x_2|=\frac{2\sqrt{16k^2+4-m^2}|m|}{1+4k^2}$

$=2\sqrt{\left(4-\frac{m^2}{1+4k^2}\right)\cdot\frac{m^2}{1+4k^2}}$

令$\frac{m^2}{1+4k^2}=t$，将 $y=kx+m$ 代入椭圆 C 的方程可得 $(1+4k^2)x^2+8kmx+4m^2-4=0$

$\Delta\geqslant 0$，可得 $m^2\leqslant 1+4k^2$ ……………………………②

由①②可知 $0<t\leqslant 1$

因此 $S=2\sqrt{(4-t)t}=2\sqrt{-t^2+4t}$，故 $S\leqslant 2\sqrt{3}$。

当且仅当 $t=1$，即 $m^2=1+4k^2\leqslant 2\sqrt{3}$时取得最大值$2\sqrt{3}$。

由（i）知，$\triangle ABQ$ 面积为 $3S$，所以$\triangle ABQ$面积的最大值为 $6\sqrt{3}$。

【点睛之笔】本题意在考查我们理解力、分析判断能力以及综合利用所学知识解决问题能力和较强的运算求解能力，在得到三角形面积的表达式后，能否利用换元的方法，观察出其中的函数背景成了完全解决问题的关键。

【技巧总结】换元的方法有局部换元、三角换元、均值换元等。

（1）局部换元又称整体换元，是在已知或者未知中，某个代数式几次出现，而用一个字母来代替它从而简化问题，当然有时候要通过变形才能发现。

（2）三角换元，应用于去根号，或者变换为三角形式易求时，主要利用已知代数式中与三角知识中有某点联系进行换元。

（3）均值换元是最常见的换元法，主要是针对一些参数进行正负调整，使表达式变成熟悉的形式，便于计算和理解。

我们使用换元法时，要遵循有利于运算、有利于标准化的原则，换元后要注重新变量范围的选取，一定要使新变量范围对应于原变量的取值范围，不能缩小也不能扩大。

8.2 排除筛选，有些题不用算

我们看到选择题时先不要急着去算，从题干看到选项，有时候不需要计算就能一下子判断出正确选项，关键我们要知道出题者的思维，利用排除法，判断选项中的“陷阱”。

排除法是指通过观察分析或推理运算各项提供的信息或通过特例，对于错误的选项，逐一剔除，从而获得正确结论的方法。

排除法在选择题中最为常用，因为选择题的本质就是去伪存真，舍弃不符合题目要求的选项，找到符合题意的正确结论。

【2015 高考广东，理 3】下列函数中，既不是奇函数也不是偶函数的是（　　）。

A. $y=x+e^x$　　B. $y=x+\frac{1}{x}$　　C. $y=2^x+\frac{1}{2^x}$　　D. $y=\sqrt{1+x^2}$

【答案】A。

【错误思路】根据奇函数和偶函数的定义去推导，将题设复杂化，会耽误很多时间。

【正确解析】记 $f(x)=x+e^x$，则 $f(1)=1+e$，$f(-1)=-1+e^{-1}$，那么 $f(1)\neq f(-1)$，$f(-1)\neq -f(1)$，所以 $y=x+e^x$ 既不是奇函数也不是偶函数，依题可知 B 项、C 项、D 项依次是奇函数、偶函数、偶函数，故选 A。

【点睛之笔】本题主要考查函数的奇偶性判断和常见函数性

质问题，但既不是奇函数也不是偶函数的判断可能不太熟悉，从而无从下手，因此可从熟悉的奇偶性函数进行判断排除，依题易知B项、C项、D项是奇偶函数，利用排除法得出答案，属于容易题。

【技巧总结】排除法是通过各种方法来找出错误选项，比较常见的有：

（1）“互相”排除法：如果选项之间存在彼此包含或者被包含的关系，首先运用“互相”排除法进行筛选，将被包含的选项直接排除。这是利用逻辑推理方法进行的排除，与已知条件无关。

（2）“特值”排除法：答案所给定的判断是“全判断”时采用特值去检查，主要是某一个特殊值不符合要求，就是对全判断的否定，肯定不是最终的答案，应该排除。特值的选取应起到对全判断的否定作用，又要选得简单，便于运算，一般选取极端值、特别值、简单值和中值。

（3）“代入”排除法：将选项中的结论一一代入到所给的条件中，将不适合的选项直接排除，适合的保留。对于判断方程、方程组或者不等式的选择题，直接求解比较麻烦时可以考虑这类方法。

（4）“放宽”排除法：正确选项具备的条件是充要的，如果条件连必要性都不满足，自然不能作为正确答案，应排除。用正确答案的必要性来排除一些选项，即是放宽了条件之后的排除。

8.3 反向思维，柳暗花明又一村

我们顺着推理计算习惯了，对于一些需要反向思维的题型会摸不着头脑，如果遇到自己解决不了的题型，可以考虑反向思维，也许就能豁然开朗。

反证法属于“间接证明法”一类，是从反面的角度思考问题的证明方法，即肯定题设而否定结论，从而导出矛盾推理而得。具体地讲，反证法就是从否定命题的结论入手，并把对命题结论的否定作为推理的已知条件，进行正确的逻辑推理，使之得到与已知条件、已知公理、定理、法则或者已经证明为正确的命题等相矛盾，矛盾的原因是假设不成立，所以肯定了命题的结论，从而使命题获得了证明。

【2015 高考】设 $a>0$，$b>0$，且 $a+b=\frac{1}{a}+\frac{1}{b}$，证明：

（1）$a+b\geqslant 2$；

（2）$a^2+a<2$ 与 $b^2+b<2$ 不可能同时成立。

【答案】（1）详见解析；（2）详见解析。

【错误思路】纯粹从题设上去变化式子，很难找到证明思路。

【正确解析】（1）将已知条件中的式子等价变形为 $ab=1$，再由基本不等式即可得证；（2）利用反证法，假设 $a^2+a<2$ 与 $b^2+b<2$ 同时成立，可求得 $0<a<1$，$0<b<1$ 从而与 $ab=1$ 相矛盾，即可得证。

由 $a+b=\frac{1}{a}+\frac{1}{b}=\frac{a+b}{ab}$，$a>0$，$b>0$，得 $ab=1$，（1）由基本不等式及 $ab=1$，有 $a+b\geqslant 2\sqrt{ab}=2$，即 $a+b\geqslant 2$；（2）假设 $a^2+a<2$ 与 $b^2+b<2$ 同时成立，则由 $a^2+a<2$ 及 $a>0$ 得 $0<a<1$，同理，$0<b<1$ 从而 $ab<1$，这与 $ab=1$ 相矛盾，故 $a^2+a<2$ 与 $b^2+b<2$ 不可能成立。

【点睛之笔】本题主要考查了不等式的证明与反证法等知识点，属于中档题，第一小问需将条件中的式子作等价变形，再利用基本不等式即可求解；第二小问要证明两式不可能同时成立，可以考虑采用反证法证明，否定结论，从而推出矛盾。反证法作为一个相对冷门的数学方法，在后续复习时亦应予以关注。

【技巧总结】反证法的证题模式可以简要地概括为“否定→推理→否定”。即从否定结论开始，经过正确无误的推理导致逻辑矛盾，达到新的否定，可以认为反证法的基本思想就是“否定之否定”。应用反证法证明的主要三步是：否定结论 → 推导出矛盾 → 结论成立。实施的具体步骤是：

第一步，反设：作出与求证结论相反的假设；

第二步，归谬：将反设作为条件，并由此通过一系列的正确推理导出矛盾；

第三步，结论：说明反设不成立，从而肯定原命题成立。

在应用反证法证题时，一定要用 “反设”进行推理，否则就不是反证法。用反证法证题时，如果欲证明的命题方面情况只有一种，那么只要将这种情况驳倒了就可以，这种反证法又叫“归谬法”；如果结论的方面情况有多种，那么必须将所有的反面情况一一驳倒，才能推断原结论成立，这种反证法又叫“穷举法”。

在数学解题中经常使用反证法，牛顿曾经说过：“反证法是数学家最精当的武器之一。”一般来讲，反证法常用来证明的题型有：命题的结论以“否定形式”“至少”或“至多”“唯一”“无限”形式出现的命题；或者否定结论更明显的命题。具体、简单的命题，或者直接证明难以下手的命题，改变其思维方向，从结论入手进行反面思考，问题可能解决得十分干脆。

8.4 复杂问题，不妨假设构造模型

数学学习中有很多数学模型，这些模型不仅在套公式的时候可以用，在一些复杂问题中也可以直接构造，这样学生就能知道需要求得的未知量是哪些了。在不少题型中都是学生先假设一个数学模型再利用已知条件展开计算的。

构造法需要利用已知条件和结论的特殊性构造出新的数学模型，从而简化推理与计算过程，使较复杂的数学问题得到简捷的解决。它来源于对基础知识和基本方法的积累，需要从一般的方法原理中进行提炼概括，积极联想，横向类比，从曾经遇到过的类似问题中寻找灵感，构造出相应的函数、概率、几何等具体的数学模型，使问题快速解决。

【2015 高考天津，理 19】已知椭圆 $\frac{x^2}{a^2}+\frac{y^2}{b^2}=1\ (a>b>0)$ 的左焦点为 $F(-c,0)$，离心率为 $\frac{\sqrt{3}}{3}$，点 M 在椭圆上且位于第一象限，直线 FM 被圆 $x^2+y^2=\frac{b^4}{4}$ 截得的线段的长为 c，$|FM|=\frac{4\sqrt{3}}{3}$。

（Ⅰ）求直线 FM 的斜率；

（Ⅱ）求椭圆的方程；

（Ⅲ）设动点 P 在椭圆上，若直线 FP 的斜率大于 $\sqrt{2}$，求直线 OP（O 为原点）的斜率的取值范围。

【答案】（Ⅰ）$\frac{\sqrt{3}}{3}$；（Ⅱ）$\frac{x^2}{3}+\frac{y^2}{2}=1$；

（Ⅲ）$\left(-\infty,-\frac{2\sqrt{3}}{3}\right)\cup\left(\frac{\sqrt{2}}{3},\frac{2\sqrt{3}}{3}\right)$。

【错误思路】对函数构造不熟悉，确定参数时出现错误；构造函数时没有利用题设中的条件，导致求解中出现问题。

【正确解析】（Ⅰ）由已知有$\frac{c^2}{a^2}=\frac{1}{3}$，又由$a^2=b^2+c^2$，可得$a^2=3c^2,b^2=2c^2$，

设直线FM的斜率为$k(k>0)$，则直线FM的方程为$y=k(x+c)$，由已知$\left(\frac{kc}{\sqrt{k^2+1}}\right)^2+\left(\frac{c}{2}\right)^2=\left(\frac{b}{2}\right)^2$，解得$k=\frac{\sqrt{3}}{3}$。

（Ⅱ）由（Ⅰ）得椭圆方程为$\frac{x^2}{3c^2}+\frac{y^2}{2c^2}=1$，直线$FM$的方程为$y=k(x+c)$，两个方程联立，消去$y$，整理得$3x^2+2cx-5c^2=0$，解得$x=-\frac{5}{3}c$或$x=c$，因为点$M$在第一象限，可得$M$的坐标为$\left(c,\frac{2\sqrt{3}}{3}c\right)$，由$|FM|=\sqrt{(c+c)^2+\left(\frac{2\sqrt{3}}{3}c-0\right)^2}=\frac{4\sqrt{3}}{3}$，解得$c=1$。

所以椭圆方程为$\frac{x^2}{3}+\frac{y^2}{2}=1$。

（Ⅲ）设点P的坐标为(x,y)，直线FP的斜率为t，得$t=\frac{y}{x+1}$，即$y=t(x+1)(x\neq-1)$。

与椭圆方程联立$\begin{cases}y=t(x+1)\\ \frac{x^2}{3}+\frac{y^2}{2}=1\end{cases}$，消去$y$，整理得$2x^2+3t^2(x+1)^2=6$，

又由已知，得$t=\sqrt{\frac{6-2x^2}{3(x+1)^2}}>\sqrt{2}$，解得$-\frac{3}{2}<x<-1$或$-1<x<0$，

设直线OP的斜率为m，得$m=\frac{y}{x}$，即$y=mx(x\neq0)$，构造函数与椭圆方程联立，整理可得$m^2=\frac{2}{x^2}-\frac{2}{3}$。

①当$x\in\left(-\frac{3}{2},-1\right)$时，有$y=t(x+1)<0$，因此$m>0$，

学习力——我是这样考上清华的

于是$m=\sqrt{\dfrac{2}{x^2}-\dfrac{2}{3}}$，得$m\in\left(\dfrac{\sqrt{2}}{3},\dfrac{2\sqrt{3}}{3}\right)$。

②当 $x\in(-1,0)$ 时，有 $y=t(x+1)>0$，因此 $m<0$，

于是$m=-\sqrt{\dfrac{2}{x^2}-\dfrac{2}{3}}$，得$m\in\left(-\infty,-\dfrac{2\sqrt{3}}{3}\right)$。

综上，直线 OP 的斜率的取值范围是$\left(-\infty,-\dfrac{2\sqrt{3}}{3}\right)\cup\left(\dfrac{\sqrt{2}}{3},\dfrac{2\sqrt{3}}{3}\right)$。

【点睛之笔】本题主要考查椭圆的定义、标准方程及几何性质，直线与圆锥曲线的位置关系，由勾股定理求圆的弦长，体现数学数形结合的重要数学思想；用数字来刻画几何图形的特征，是解析几何的精髓，联立方程组，求出椭圆中参数的关系，进一步得到椭圆方程；构造函数求斜率取值范围，体现函数在解决实际问题中的重要作用，是拔高题。

【技巧总结】构造法的使用是以参数设未知，确定构造对象的性质和特点，计算中要确定求解条件。

8.5 数形结合，无所不用其极

数形结合思想是高中数学的重要思想方法之一，而且越来越受重视，每年数学高考读图题也在不断增多。“数”和“形”是数学这座高楼大厦的两块重要基石，两者在内容上相互联系，在方法上相互渗透，在一定条件下可以互相转化。数形结合思想的形成也是基于数学学科的这一特点发展而来的。

数形结合时我们要多画图，多用工具，多用特值带入，总之要做到无所不用其极。选择题中如果有图形可以直接用尺子量，

而且一般你量到的长度就是所求值，因为如果题设中没有强调图形缩放比例，往往是给出标准尺寸的图形。

【2015高考天津，理8】已知函数 $f(x)=\begin{cases}2-|x|,x\leqslant 2\\(x-2)^2,x>2\end{cases}$，函数 $g(x)=b-f(2-x)$，其中 $b\in\mathbf{R}$，若函数 $y=f(x)-g(x)$ 恰有4个零点，则 b 的取值范围是（　　）。

A. $\left(\dfrac{7}{4},+\infty\right)$　　B. $\left(-\infty,\dfrac{7}{4}\right)$　　C. $\left(0,\dfrac{7}{4}\right)$　　D. $\left(\dfrac{7}{4},2\right)$

【答案】D

【错误思路】我们对于这类题设过多的题型会感到比较迷茫，不知道如何着手，忽视方程和函数之间的关系以及分段函数的性质。

【正确解析】由 $f(x)=\begin{cases}2-|x|,x\leqslant 2\\(x-2)^2,x>2\end{cases}$，得 $f(2-x)=\begin{cases}2-|2-x|,x\geqslant 0\\x^2,x<0\end{cases}$

所以 $y=f(x)+f(2-x)=\begin{cases}2-|x|+x^2,x\leqslant 2\\4-|x|-|2-x|,0\leqslant x\leqslant 2\\2-|2-x|+(x-2)^2,x>2\end{cases}$

即 $y=f(x)+f(2-x)=\begin{cases}x^2-x+2,x\leqslant 2\\2,0\leqslant x\leqslant 2\\x^2-5x+8,x>2\end{cases}$

$y=f(x)-g(x)=f(x)+f(2-x)-b$，所以 $y=f(x)-g(x)$ 恰有4个零点等价于方程，$f(x)+f(2-x)-b$ 有4个不同的解，即函数 $y=b$ 与函数 $y=f(x)+f(2-x)$ 的图像的4个公共点，由图像可知 $\dfrac{7}{4}<b<2$。

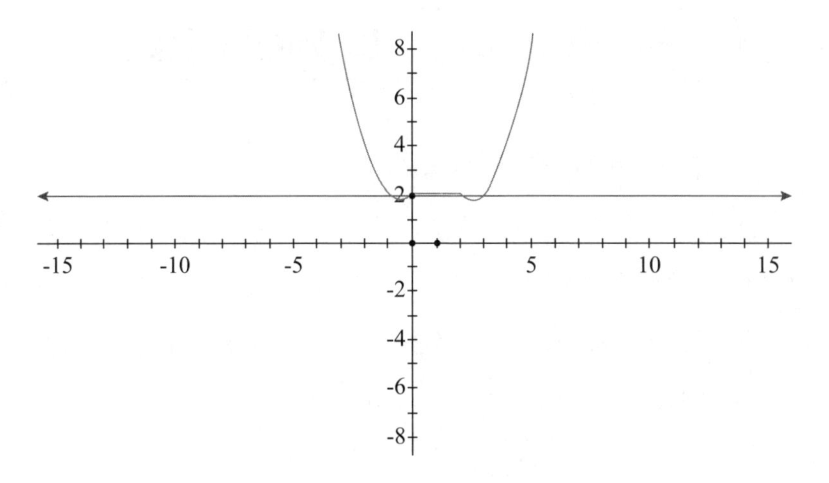

【点睛之笔】本题主要考查求函数解析、函数与方程式、数形结合思想以及我们的作图能力。将求函数解析式、函数零点、方程的解等知识结合在一起，利用等价转换、数形结合思想等方法，体现数学思想与方法，是提高题。

【技巧总结】一般数形结合思想在解决选择、填空题时有很好的功效，一方面可以加速我们读题速度，另一方面能提高解题能力。对于我们来说，需要掌握“数”和“形”之间的灵活运用。

（1）“形”中寻“数”，从图形中寻求数量关系，将几何问题代数化，以数字来解决图形上的问题，使题目得到解答。

（2）“数”上探“形”，在代数问题上通过观察发现相关的几何图形特征，建立数和形的关系，将代数问题转化为几何问题，使问题更直观、更容易理解和解答。

（3）“数”“形”结合，用“形”分析“数”，用“数”计算“形”，相互结合，相互补充，使问题更简单、更直观。

我们在解题过程中可以先根据题意，作出草图，参照图形的做法、形状、位置、性质，综合图像的特征得出结论。

8.6 分类讨论，确保面面俱到

分类讨论思想是指在解答某些数学问题时，有时会遇到多种情况，需要对各种情况加以分类，并逐类求解，然后综合得到完整解。分类讨论是一种逻辑方法，是一种重要的数学思想，同时也是一种重要的解题策略，它本质上是“化整为零，各个击破，化零为整”的过程，需要有一个完善的知识体系，能将可能出现的数学情况考虑在内，最终获得完整的解答。

有关分类讨论思想的数学问题具有明显的逻辑性、综合性、探索性，能训练我们的思维条理性和概括性，所以在高考试题中占有重要的位置。

引起分类讨论主要有以下几个方面原因。

（1）问题所涉及的数学概念是分类进行定义的。如 $|a|$ 的定义分 $a>0$、$a=0$、$a<0$ 三种情况。这种分类讨论题型可以称为概念型。

（2）问题中涉及的数学定理、公式和运算性质、法则有范围或者条件限制，或者是分类给出的。如等比数列的前 n 项和的公式，分 $q=1$ 和 $q\neq1$ 两种情况。这种分类讨论题型可以称为性质型。

（3）解含有参数的题目时，必须根据参数的不同取值范围进行讨论。如解不等式 $ax>2$ 时分 $a>0$、$a=0$ 和 $a<0$ 三种情况讨论。这称为含参型。

（4）某些不确定的数量、不确定的图形的形状或位置、不确定的结论等，都主要通过分类讨论，保证其完整性，使之具有确定性。

【2015 高考湖南，理 15】已知 $f(x)=\begin{cases}x^3, x\leqslant a\\x^2, x>a\end{cases}$，若存在实数 b，使函数 $g(x)=f(x)-b$ 有两个零点，则 a 的取值范围是________。

【答案】$(-\infty,0)\cup(1,+\infty)$。

【错误思路】只考虑两个方程只有一个根的情况，忽视了两个方程中有一个无解、另一个有两个根的情况。

【正确解析】分析题意可知，问题等价于方程 $x^3=b(x\leqslant a)$ 与方程 $x^2=b(x>a)$ 的根的个数和为 2，若两个方程各有一个根，则可知关于 b 的不等式组 $\begin{cases}b^{\frac{1}{3}}\leqslant a\\\sqrt{b}>a\\-\sqrt{b}\leqslant a\end{cases}$ 有解，所以，$a^2<b<a^3$ 从而 $a>1$；

若方程 $x^3=b(x\leqslant a)$ 无解，方程 $x^2=b(x>a)$ 有 2 个根，则可知关于 b 的不等式组 $\begin{cases}b^{\frac{1}{3}}\leqslant a\\-\sqrt{b}>a\end{cases}$ 有解，从而 $a<0$，综上，实数 a 的取值范围是 $(-\infty,0)\cup(1,+\infty)$。

【点睛之笔】本题主要考查了函数的零点，函数与方程等知识点，属于较难题，表面上是函数的零点问题，实际上是将问题等价转化为不等式组有解的问题，结合函数与方程思想和转化思想求解函数综合问题，将函数的零点问题巧妙地转化为不等式组有解的参数，从而得到关于参数 a 的不等式。此题是创新题，区别于其他函数与方程问题数形结合转化为函数图像交点的解法，从另一个层面将问题进行转化，综合考查我们的逻辑推理能力。

【技巧总结】分类讨论的基本方法和步骤是：

（1）要确定讨论对象以及所讨论对象的全体范围；

（2）对数学问题中给出的情况进行逐一分析，判断无法用统一的研究方法或者同样的标准定义时，确定讨论对象；

（3）根据题设确定研究对象的特点，并进行分类，要做到分类对象确定，标准统一，不重复，不遗漏，不越级讨论；

（4）按照类别进行逐一解答，对于某个研究对象如果不对其分类则无法解答时就要考虑分类讨论，尤其是在一些特殊情况出现时，一定要把这些个别案例单独列出来说明清楚，保证解题的完整性；

（5）归纳小结，总结最后的结论。

8.7 化归转化，重在灵活运用

化归转化方法是在研究和解决有关数学问题时采用某种手段将问题通过变换使之转化，进而得到解决的一种方法。一般总是将复杂的问题通过变换转化为简单的问题，将难解的问题通过变换转化为容易求解的问题，将未解决的问题通过变换转化为已解决的问题。

从某种意义上说，数学题的求解都是应用已知条件对问题进行一连串恰当转化，进而达到解题目的的一个探索过程。

转化分为等价转化与非等价转化。等价转化要求转化过程中前因后果是充分必要的，以保证转化后的结果仍为原问题的结果。非等价转化其过程是充分或必要的，要对结论进行必要的修正（如无理方程化有理方程要求验根），它能带来思维的闪光点，找到解决问题的突破口。

化归转化思想用在研究、解决数学问题思维受阻时，或寻求简单方法或从一种状况转化到另一种状况，也就是转化到另一种情境使问题得到解决，这种转化是解决问题的有效策略，同时也是成功的思维方式。常见的转化方法有：

（1）直接转化法：把原问题直接转化为基本定理、基本公式或基本图形问题；

（2）换元法：运用“换元”把非标准形式的方程、不等式、函数转化为容易解决的基本问题；

（3）参数法：引进参数，使原问题的变换具有灵活性，易于转化；

（4）构造法：“构造”一个合适的数学模型，把问题变为易于解决的问题；

（5）坐标法：以坐标系为工具，用代数方法解决解析几何问题，是转化方法的一种重要途径；

（6）类比法：运用类比推理，猜测问题的结论，易于确定转化的途径；

（7）特殊化方法：把原问题的形式向特殊化形式转化，并证明特殊化后的结论适合原问题；

（8）一般化方法：若原问题是某个一般化形式问题的特殊形式且较难解决，可将问题通过一般化的途径进行转化；

（9）等价问题法：把原问题转化为一个易于解决的等价命题，达到转化目的；

（10）补集法：（正难则反）若正面问题难以解决，可将问题的结果看作集合 A，而把包含该问题的整体问题的结果类比为全集U，通过解决全集U及补集C_UA获得原问题的解决。

【2015高考广东，理18】如图所示，三角形PDC所在的平面与长方形$ABCD$所在的平面垂直，$PD=PC=4$，$AB=6$，$BC=3$。E是CD边的中点，点F、G分别在线段AB、BC上，且$AF=2FB$，$CG=2GB$。

（1）证明：$PE\perp FG$；

（2）求二面角$P\text{-}AD\text{-}C$的正切值；

（3）求直线PA与直线FG所成角的余弦值。

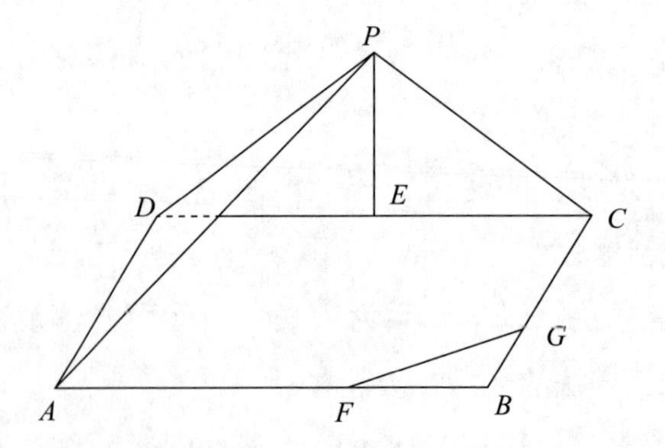

【答案】（1）见解析；（2）$\dfrac{\sqrt{7}}{3}$；（3）$\dfrac{9\sqrt{5}}{25}$。

【错误思路】无法灵活运用几何关系和三角函数之间的转化关系，没有添加辅助线的意识或者添加的位置不准确。

【正确解析】（1）证明：因为$PD=PC$且点E为CD的中点，

所以$PE\perp FG$，又平面$PDC\perp$平面$ABCD$，且平面$PDC\cap$平面$ABCD=CD$，$PE\subset$平面PDC，

所以$PE\perp$平面$ABCE$，又$FG\subset$平面$ABCD$，

所以$PE\perp FG$。

（2）因为 $ABCD$ 是矩形，

所以 $AD \perp DC$，又平面 $PDC \perp$ 平面 $ABCD$，且平面 $PDC \cap$ 平面 $ABCD=CD$，AD ⊂平面 $ABCD$，

所以 AD ⊥ 平面 PCD，又 CD、PD ⊂平面 PDC，

所以 $AD \perp DC$，$AD \perp PD$，

所以∠ PDC 即为二面角 $P\text{-}AD\text{-}C$ 的平面角，

在 Rt △ PDE 中，$PD=4$，$DE=\frac{1}{2}AB=3$，$PE=\sqrt{PD^2-DE^2}=\sqrt{7}$，

所以 $\tan\angle PDC=\frac{PE}{DE}=\frac{\sqrt{7}}{3}$，即二面角 $P\text{-}AD\text{-}C$ 的正切值为 $\frac{\sqrt{7}}{3}$。

（3）如下图所示，连结 AC，

因为 $AF=2FB$，$CG=2GB$，即 $\frac{AF}{FB}=\frac{CG}{GB}=2$，

所以 $AC \parallel FG$，

所以∠ PAC 为直线 PA 与直线 FG 所成角或其补角，在△ PAC 中，$PA=\sqrt{PD^2+AD^2}=5$，$AC=\sqrt{AD^2+CD^2}=3\sqrt{5}$，

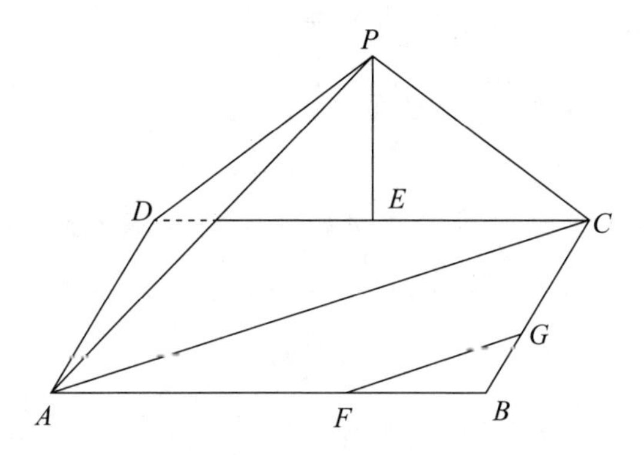

由余弦定理可得 $\cos\angle PAC=\frac{PA^2+AC^2-PC^2}{2PA\cdot AC}=\frac{5^2+\left(3\sqrt{5}\right)^2-4^2}{2\times5\times3\sqrt{5}}=\frac{9\sqrt{5}}{25}$，

所以直线 PA 与直线 FG 所成角的余弦值为 $\frac{9\sqrt{5}}{25}$。

【点睛之笔】本题主要考查平面与平面垂直，直线与平面垂直，直线与直线垂直，二面角，异面直线所成角等基础知识和空间想象能力、转化与化归思想、运算求解能力，属于中档题，本题整体难度不大，无论是利用空间向量方法还是传统的几何法都容易入手解答，但解答过程需注意逻辑性和书写的规范性。

【技巧总结】化归转化思想应遵循以下基本原则。

（1）熟悉化原则：将陌生的问题转化为熟悉的问题，以利于我们运用熟知的知识、经验和问题来解决；

（2）简单化原则：将复杂的问题化归为简单问题，通过对简单问题的解决，达到解决复杂问题的目的，或获得某种解题的启示和依据；

（3）和谐化原则：化归问题的条件或结论，使其表现形式更符合数与形内部所表示的和谐的形式，或者转化命题，使其推演有利于运用某种数学方法或其方法符合人们的思维规律；

（4）直观化原则：将比较抽象的问题转化为比较直观的问题来解决；

（5）正难则反原则：当问题正面讨论遇到困难时，可考虑问题的反面，设法从问题的反面去探求，使问题获解。

化归转化思想总结起来有以下四点：

（1）熟练、扎实地掌握基础知识、基本技能和基本方法是转化的基础；丰富的联想、机敏细微的观察、比较、类比是实现转化的桥梁；培养训练自己自觉的化归与转化意识需要对定理、公式、法则有本质上的深刻理解和对典型习题的总结与提炼，要积极主动有意识地去发现事物之间的本质联系。

（2）为了实施有效的化归，既可以变更问题的条件，也可以变更问题的结论；既可以变换问题的内部结构，又可以变换问题的外部形式；既可以从代数的角度去认识问题，又可以从几何的角度去解决问题。

（3）注意紧盯化归目标，保证化归的有效性、规范性。

化归转化作为一种思想方法，应包括化归的对象、化归的目标以及化归的方法和途径三个要素。因此，化归思想方法的实施应有明确的对象、设计好目标、选择好方法，而设计目标是问题的关键。设计化归目标时，总是以课本中那些基础知识、基本方法以及在应用上已形成固定的问题（通常称为规范性问题）为依据，而把要解决的问题化归为规律问题（即问题的规范化）。

化归转化能不能如期完成，与化归方法的选择有关，同时还要考虑到化归目标的设计与化归方法的可行性、有效性。

在解题过程中，必须始终紧紧盯住化归的目标，即应该始终考虑这样的问题：怎样才能达到解原问题的目的。在这个大前提下实施的化归才是卓有成效的，盲目地选择化归的方向与方法必将走入死胡同。

（4）注意化归的等价性，确保逻辑上的正确。

化归包括等价化归和非等价化归，等价化归后的新问题与原问题实质是一样的，不等价化归则部分地改变了原对象的实质，需对所得结论进行必要的修正。高中数学中的化归大多要求等价化归，等价化归要求转化过程中的前因后果既是充分的，又是必要的，以保证转化后的结果为原题的结果。

我们在解题过程中若没有注意化归的等价性，就会犯不合实际或偷换论题、偷换概念、以偏概全等错误。例如，在解应用题时要注意原题中数量的实际意义，在经过数学变换后，应将所得的结果按实际意义检验；解方程或不等式时应注意变换的同解性是否仍然保持。

我们需明确转化与化归的指导思想：把什么问题进行转化，即化归对象；化归到何处去，即化归目标；如何进行化归，即化归方法。

化归转化思想是一切数学思想方法的核心。我们学习数学的整个过程就是对这种思想的最好诠释。

8.8 特值验证，大题化小

特值验证（也称特例法或特殊值法）是用特殊值（或特殊图形、特殊位置）代替题设普遍条件，得出特殊结论，再对各个选项进行检验，从而作出正确的选择。常用的特例有特殊数值、特殊数列、特殊函数、特殊图形、特殊角、特殊位置等。

【2015 高考新课标 1，理 13】若函数 $f(x)=x\ln\left(x+\sqrt{a+x^2}\right)$ 为偶函数，则 a=________。

【答案】1

【错误思路】利用偶函数的定义去推导会浪费很多的时间，而且可能无法得到最终答案。

【正确解析】由题知 $y=\ln\left(x+\sqrt{a+x^2}\right)$ 是奇函数，所以 $\ln\left(x+\sqrt{a+x^2}\right)+\ln\left(-x+\sqrt{a+x^2}\right)=\ln(a+x^2-x^2)=\ln a=0$，解得 $a=1$。

【点睛之笔】本题主要考查已知函数奇偶性求参数值问题，常用特值法，如函数是奇函数，在 $x=0$ 处有意义，常用 $f(x)=0$，求参数，否则用其他特值。利用特值法可以减少运算。

【技巧总结】特值验证在选择题解答中非常常见，适用于解答“对某一集合的所有元素、某种关系恒成立”，这样以全称判断形式出现的题目，其原理是“结论若在某种特殊情况下不真，则它在一般情况下也不真”，属于“小题小做”或“小题巧做”的解题策略。

特殊值法的理论依据是：若对所有值都成立，那么对特殊值也成立，我们就可以利用填空题、选择题不需要运算过程只需要结果这一“弱点”，“以偏概全”来求值。在解决一些与三角形、四边形等平面图形有关的填空题时，可根据题意，选择其中的特殊图形（如正三角形、正方形）等解决问题。

8.9 逆推代入，答案“浮出水面”

逆推代入是从命题结论出发，逐步向上逆推，最后达到命题条件，从“未知”看“需知”，逐步靠拢“已知”。弄清楚逐步推理中需知的具体内容，是用好逆推法的关键所在。

高中数学中有些命题条件和结论之间的关系比较复杂，直接从已知条件入手进行推证，有时候会中途迷失方向，使证明无法进行下去。一些比较复杂的场合，“需知”一般不是显而易见的，而且也不是唯一的。为了探明这些“需知”，需要对证题的线索进行逆推。

【2015 高考重庆，理 15】 已知直线 l 的参数方程为 $\begin{cases} x=-1+t \\ y=1+t \end{cases}$（$t$ 为参数），以坐标原点为极点，x 轴的正半轴为极轴建立坐标系，曲线 C 的极坐标方程为 $\rho^2\cos 2\theta=4\left(\rho>0, \frac{3\pi}{4}<\theta<\frac{5\pi}{4}\right)$，则直线 l 与曲线 C 的交点的极坐标为__________。

【答案】（$2,\pi$）

【错误思路】 对参数方程和代入法运用不灵活，看到参数时无法及时联想到代入法。

【正确解析】 直线 l 的普通方程为 $y=x+2$，由 $\rho^2\cos2\theta=4$ 得 ρ^2（$\cos^2\theta-\sin^2\theta$）$=4$，直角坐标方程为 $x^2-y^2=4$，把 $y=x+2$ 代入双曲线方程解得 $x=-2$，因此交点为（$-2,0$），其极坐标为 $(2,\pi)$。

【点睛之笔】 参数方程主要通过代入法或者已知恒等式（如 $\cos^2\theta+\sin^2\theta=1$ 等三角恒等式）消去参数化为普通方程，通过选取相应的参数可以把普通方程化为参数方程，利用关系式 $\begin{cases} x=\rho\cos\theta \\ y=\rho\sin\theta \end{cases}$，$\begin{cases} x^2+y^2=\rho^2 \\ \frac{y}{x}=\tan\theta \end{cases}$ 等可以把极坐标方程与直角坐标方程互化，本题这类问题一般我们可以先把曲线方程化为直角坐标方程，用直角坐标方程解决相应问题。

【技巧总结】 逆推代入法可以解决各种数学问题，如：

（1）各种不等式的证明：如代数不等式、三角函数不等式、均值不等式等。

（2）等式的证明：如关于自然数Ⅳ的各种恒等式等。

（3）几何问题：如空间几何证明、平面解析中直线的求和问题以及其他证明问题等。

高中数学中许多定理都有它自己的逆命题，但逆命题不一定成立，经过证明后成立即为逆定理。逆命题是寻找新定理的重要途径。在立体几何中，许多的性质与判定都有逆定理，如等腰三角形的三线合一定理和逆定理的应用，直线与空间平面平行的性质和判定，直线与直线的垂直性质和判定方法，平行四边形的内角的性质与判定，等等。

我们应该注意条件与结论有什么联系，加深对性质和定理的理解与应用，不能小觑逆定理的教学应用对我们思维能力的提高作用，它对锻炼思维是非常有好处的。

逆推代入法的常用思路如下：

（1）假定结论成立，看看可以推出什么性质和结果。

（2）思考推出的性质和结果是否互逆，如果是，那么推出的结论就是“需知”。

（3）考察推出的性质和结果在已知条件基础上逻辑联系是什么。

8.10　归纳推理，按部就班看总结

归纳推理是一种由特殊事例导出一般原理的思维方法。归纳推理分完全归纳推理与不完全归纳推理两种。不完全归纳推理只根据一类事物中的部分对象具有的共同性质，推断该类事物全体都具有的性质，这种推理方法，在数学推理论证中是不允许的。完全归纳推理是在考察了一类事物的全部对象后归纳得出结论来的。

【2015 江苏高考，23】已知集合 $X=\{1,2,3\}$，$Y_n=\{1,2,3,\cdots,n\}$ $(n\in\mathbf{N}^*)$，$S_n=\{(a,b)|a$ 整除 b 或 b 整除 a，$a\in X,b\in Y_n\}$，令 $f(n)$ 表示集合 S_n 所含元素的个数。

（1）写出 $f(6)$ 的值；

（2）当 $n\geqslant 6$ 时，写出 $f(n)$ 的表达式，并用数学归纳法证明。

【答案】（1）13；（2）$f(n)=\begin{cases} n+2+\left(\dfrac{n}{2}+\dfrac{n}{3}\right), n=6t \\ n+2+\left(\dfrac{n-1}{2}+\dfrac{n-1}{3}\right), n=6t+1 \\ n+2+\left(\dfrac{n}{2}+\dfrac{n-2}{3}\right), n=6t+2 \\ n+2+\left(\dfrac{n-1}{2}+\dfrac{n}{3}\right), n=6t+3 \\ n+2+\left(\dfrac{n}{2}+\dfrac{n-1}{3}\right), n=6t+4 \\ n+2+\left(\dfrac{n-1}{2}+\dfrac{n-2}{3}\right), n=6t+5 \end{cases}$

【错误思路】采用数学归纳推理方法一定要明确每一步骤的关键点，不要忽视对初始值的讨论。

【正确解析】（1）根据题意按 a 分类计数：$a=1$，$b=1,2,3,4,5,6$；$a=2$，$b=1,2,4,6$；$a=3$，$b=1,3,6$ 共 13 个；（2）由（1）知 $a=1$，$b=1,2,3,\cdots,n$；$a=2$，$b=1,2,4,\cdots,2k$；$a=3$，$b=1,3,\cdots,3k$；$(k\in\mathbf{N}^*)$，所以当 $n\geqslant 6$ 时，$f(n)$ 的表达式要按 $2\times 3=6$ 除的余数进行分类，最后不难利用数学归纳法进行证明。

（1）$f(6)=13$。

学习力——我是这样考上清华的

（2）当 $n \geqslant 6$，$f(n)=\begin{cases} n+2+\left(\dfrac{n}{2}+\dfrac{n}{3}\right), n=6t \\ n+2+\left(\dfrac{n-1}{2}+\dfrac{n-1}{3}\right), n=6t+1 \\ n+2+\left(\dfrac{n}{2}+\dfrac{n-2}{3}\right), n=6t+2 \\ n+2+\left(\dfrac{n-1}{2}+\dfrac{n}{3}\right), n=6t+3 \\ n+2+\left(\dfrac{n}{2}+\dfrac{n-1}{3}\right), n=6t+4 \\ n+2+\left(\dfrac{n-1}{2}+\dfrac{n-2}{3}\right), n=6t+5 \end{cases}$ $(t \in \mathbf{N}^*)$

下面用数学归纳法证明：

①当 $n=6$ 时，$f(6)=6+2+\dfrac{6}{2}+\dfrac{6}{3}=13$，结论成立；

②假设 $n=k(k \geqslant 6)$ 时结论成立，那么 $n=k+1$ 时，S_{k-1} 在 S_k 的基础上新增加的元素在（$1,k+1$），（$2,k+1$），（$3,k+1$）中产生，分以下情形讨论：

a. 若 $k+1=6t$，则 $k=6$（t−1）+5，

此时有 $f(k+1)=f(k)+3=k+2+\dfrac{k-1}{2}+\dfrac{k-2}{3}+3=(k+1)+2+\dfrac{k+1}{2}+\dfrac{k+1}{3}$，结论成立；

b. 若 $k+1=6t+1$，则 $k=6t$，

此时有 $f(k+1)=f(k)+1=k+2+\dfrac{k}{2}+\dfrac{k}{3}+1=(k+1)+2+\dfrac{(k+1)-1}{2}+\dfrac{(k+1)-1}{3}$，结论成立；

c. 若 $k+1=6t+2$，则 $k=6t+1$，

此时有 $f(k+1)=f(k)+2=k+2+\dfrac{k-1}{2}+\dfrac{k-1}{3}+2=(k+1)+2+\dfrac{k+1}{2}+$

$\frac{(k+1)-2}{3}$，结论成立；

d. 若 $k+1=6t+3$，则 $k=6t+2$，

此时有 $f(k+1)=f(k)+2=k+2+\frac{k}{2}+\frac{k-2}{3}+2=(k+1)+2+\frac{(k+1)-1}{2}+\frac{k+1}{3}$，结论成立；

e. 若 $k+1=6t+4$，则 $k=6t+3$，

此时有 $f(k+1)=f(k)+2=k+2+\frac{k-1}{2}+\frac{k}{3}+2=(k+1)+2+\frac{(k+1)-1}{3}+\frac{k+1}{2}$，结论成立；

f. 若 $k+1=6t+5$，则 $k=6t+4$，

此时有 $f(k+1)=f(k)+1=k+2+\frac{k-1}{3}+\frac{k}{2}+1=(k+1)+2+\frac{(k+1)-2}{3}+\frac{(k+1)-1}{2}$，结论成立。

综上所述，结论对满足 $n \geqslant 6$ 的自然数 n 均成立。

【技巧总结】归纳推理是用来证明某些与自然数有关的数学命题的一种推理方法，在解数学题中有着广泛的应用。它是一个递推的数学论证方法，论证的步骤明确：

第一步是证明命题在 $n=1$（或 n）时成立，这是递推的基础；

第二步是假设在 $n=k$ 时命题成立，再证明 $n=k+1$ 时命题也成立，这是无限递推下去的理论依据，它判断命题的正确性能否由特殊推广到一般，实际上它使命题的正确性突破了有限，达到无限。

第三步是在前两步基础上得出的结论，断定“对任何自然数（或 $n \geqslant k$ 且 $n \in \mathbf{N}$）结论都正确”。

由这三步可以看出，数学归纳法是由递推实现归纳的，属于

完全归纳。

运用归纳推理证明问题时，关键是 $n=k+1$ 时命题成立的推证，此步证明要具有目标意识，注意与最终要达到的解题目标进行分析比较，以此确定和调控解题的方向，使差异逐步减小，最终实现目标完成解题。

运用归纳推理方法，可以证明下列问题：与自然数 n 有关的恒等式、代数不等式、三角不等式、数列问题、几何问题、整除性问题等。

8.11 函数和方程，相辅相成

函数与方程思想是用未知表达已知，从而求解。在审题过程中，关键就是厘清数量关系，建立函数关系或者构造函数，然后运用数学计算方法求解。其步骤如下：

（1）分析数学问题中变量间的等量关系，写出等式左右两边的表达式，建立方程或者方程组。

（2）解方程或者方程组，利用方程性质解答问题。

【2015 高考江苏，13】已知函数 $f(x)=|\ln x|$，$g(x)=\begin{cases}0, 0<x\leqslant 1\\ \left|x^2-4\right|-2, x>1\end{cases}$ 则方程 $|f(x)+g(x)|=1$ 实根的个数为______。

【答案】4

【错误思路】对两个函数分别计算和分析，或者对函数和方程的相互转化不熟悉，导致在计算过程中没有及时联系实根求解的方法。

【正确解析】由题意得：求函数 $y=f(x)$ 与 $y=1-g(x)$ 交点个数以及函数 $y=f(x)$ 与 $y=-1-g(x)$ 交点个数之和，因为 $y=1-g(x)=\begin{cases}1,0<x\leqslant 1\\7-x^2,x\geqslant 2\\x^2-1,1<x<2\end{cases}$，所以函数 $y=f(x)$ 与 $y=1-g(x)$ 有两个交点，又

$y=-1-g(x)=\begin{cases}-1,0<x\leqslant 1\\5-x^2,x\geqslant 2\\x^2-3,1<x<2\end{cases}$，所以函数 $y=f(x)$ 与 $y=-1-g(x)$ 有两个交点，因此共有 4 个交点。

【点睛之笔】一些对数型方程不能直接求出其零点，常通过平移、对称变换转化为相应的函数图像问题，利用数形结合法将方程根的个数转化为对应函数零点个数，而函数零点个数的判断通常转化为两函数图像交点的个数。这时函数图像是解题关键，不仅要研究其走势（单调性、极值点、渐近线等），而且要明确其变化速度快慢。

【技巧总结】函数问题和方程问题是结合在一起的，高考主要出题重点也是要求我们能灵活运用函数与方程的思想，并能灵活运用两者的性质和计算方法。

（1）函数和方程之间的相互转换。

函数问题和方程问题可以相互转换求解，这对于我们来说可以更好地理解数学问题。

（2）函数和不等式之间的相互转化。

函数和不等式之间的关系就是等号和不等号的差异，而在计算思路上基本是一致的。

（3）函数和数列之间的关系。

数列是一种特殊的函数，数列的变量特殊，它的通项或者前

n 项和都是自变量为正整数的函数，如果用函数的思想进行求解，会更容易理解。

（4）函数和几何之间的关系。

几何中关系到线段、面积、体积的计算，利用函数与方程思想往往能快速求解。一般在高考数学综合题型中容易出两者结合的题型，如果我们能灵活运用两者之间的转换，就会对解题有很大的帮助。

8.12 “四步”解答提效率，巧抓分

我们在掌握数学高考的解题方法时，要重视紧张考试过程中的态度和选择。临场发挥对于我们来说非常关键，因为考试过程中的时间是有限的，而每一分钟的选择对于最终的分数都是有影响的。

在数学考试中我们的心态容易随着解题状态波动，如果遇到题目很难我们往往会变得急躁，导致做题容易出错，即使是一些很简单的问题也会失分。

只有保持良好的考试心态，才能将会做的题做对，避免因马虎、慌张导致审题不清出错，失掉了会做题目的分数。

对于同一道题目，有的人理解得深，有的人理解得浅；有的人解决得多，有的人解决得少。为了区分这种情况，高考的阅卷评分办法是懂多少知识就给多少分。这种方法我们叫它“分段评分”，或者“踩点给分”——踩上知识点就得分，踩得多就多得分。

“分段得分”的基本精神是，会做的题目力求不失分，部分

理解的题目力争多得分。对于会做的题目，要解决“会而不对，对而不全”这个老大难问题。

有时我们拿到题目，明明会做，但最终答案却是错的——会而不对。

有时我们答案虽然对，但中间有逻辑缺陷或概念错误，或缺少关键步骤——对而不全。

我们会做的题目要力求做到表达准确、考虑周密、书写规范、语言科学，防止被“分段扣分”。经验表明，对于我们会做的题目，阅卷老师则更注意找其中的合理成分，分段给分，所以“做不出来的题目得一二分易，做得出来的题目得满分难”。

“四步”解答法可以帮助我们在考试过程中最大限度拿分。

【2015 高考新课标 2，理 22】如图，O 为等腰三角形 ABC 内一点，圆 O 与 $\triangle ABC$ 的底边 BC 交于 M、N 两点，与底边上的高 AD 交于点 G，与 AB、AC 分别相切于 E、F 两点。

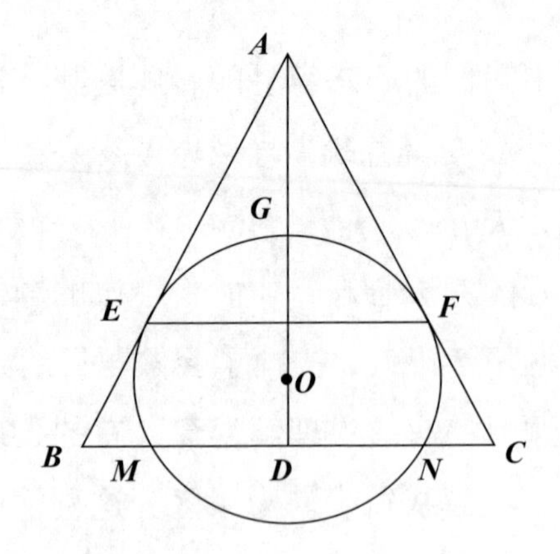

（Ⅰ）证明：$EF \parallel BC$；

（Ⅱ）若 AG 等于圆 O 的半径，且 $AE=MN=2\sqrt{3}$，求四边形 $EBCF$ 的面积。

【答案】（Ⅰ）详见解析；（Ⅱ）$\frac{16\sqrt{3}}{3}$。

【错误思路】无法解答（Ⅰ）证明时就不解答，直接将这整道题目放弃，这就是失分非常大的地方。

【正确解析】（Ⅰ）由于△ABC是等腰三角形，$AD\perp BC$，所以AD是∠CAB的平分线。又因为圆O分别与AB、AC相切于E、F两点，所以$AE=AF$，故$AD\perp EF$。从而EF∥BC。

（Ⅱ）由（Ⅰ）知，$AE=AF$，$AD\perp EF$，故AD是EF的垂直平分线，又EF是圆O的弦，所以O在AD上。连结OE，OM，则$OE\perp AE$，由AG等于圆O的半径得$AO=2OE$，所以∠$OAE=30°$。所以△ABC和△AEF都是等边三角形。因为$AE=2\sqrt{3}$，所以$AO=4$，$OE=2$。

因为$OM=OE=2$，$DM=\frac{1}{2}MN=\sqrt{3}$，所以$OD=1$。于是$AD=5$，AB=$\frac{10\sqrt{3}}{3}$。所以四边形$EBCF$的面积为$\frac{1}{2}\times\left(\frac{10\sqrt{3}}{3}\right)^2\times\frac{\sqrt{3}}{2}-\frac{1}{2}\times\left(2\sqrt{3}\right)^2\times\frac{\sqrt{3}}{2}=\frac{16\sqrt{3}}{3}$。

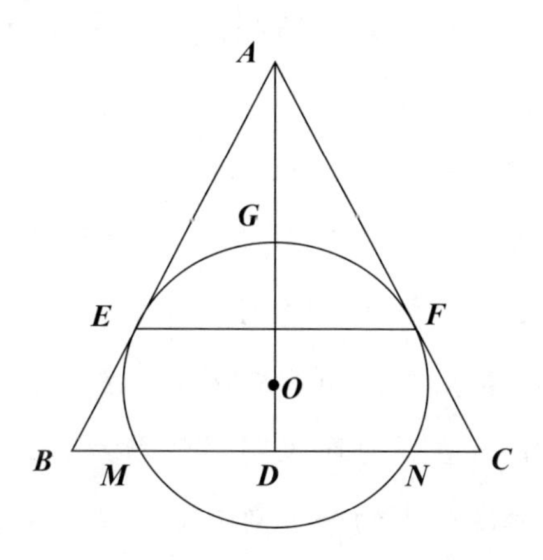

【点睛之笔】解题中卡在了某一个过渡环节中，先承认中间的正确结论,往后推,看能否得到结论。如果不能则改变解题方向;如果可以，那就回头再攻克卡住的地方。做题中如果因为时间有限，中间结论来不及证实，就可以先跳过一步，写出后面的解题步骤，一直做到底。

在数学综合题型中可能不止一小题，如果第一个问题没有思路，可以先确定第一个问题是已知条件，完成后面的几个小题，也许在后面解答过程中会想起解答的思路，再来完成第一小题的解答；即使没有想起也不耽误后面几小题的解答。

【技巧总结】类似的解答技巧还有退步解答、缺步解答、加步解答。

（1）退步解答："以退求进"是一个重要的解题策略。如果我们不能解决所提出的问题，那么可以从一般退到特殊，从抽象退到具体，从复杂退到简单，从整体退到部分，从较强的结论退到较弱的结论。

在解题过程中，能将问题退到一个你能够解决的问题就是一种成功。为了不产生"以偏概全"的误解，应开门见山写上"本题分几种情况"。这样一来，还会为寻找正确的、一般性的解法提供有意义的启发。

（2）缺步解答：如果我们遇到一个很困难的问题，确实啃不动，一个聪明的解题策略是，将它们分解为一系列的步骤，或者是一个个小问题，先解决问题的一部分，能解决多少就解决多少，能演算几步就写几步，尚未成功不等于失败。

在数学试卷中一些解题层次明显的题目，或者是已经程序化了的方法，每一步得分点的演算都可以得分，最后结论虽然未得出，但分数却已过半，这叫“大题拿小分”。

（3）加步解答：一道题目的完整解答，既有主要的实质性的步骤，也有次要的辅助性的步骤。实质性的步骤未找到之前，加上一些辅助性的步骤是明智之举。例如，准确作图，把题目中的条件翻译成数学表达式，设应用题的未知数，等等。

我们在数学答题中要做到稳扎稳打，字字有据，步步准确，尽量一次成功，提高成功率。试题做完后我们要认真做好解后检查，看是否有空题，答卷是否准确，所写字母与题中图形上的是否一致，格式是否规范，尤其是要审查字母、符号是否抄错，在确信万无一失后方可交卷。

第9章

高考英语技巧审题与解题

——转换于新颖的文化氛围和思维模式

高中英语最基础的是单词和语法，其次就是应试技巧，我们要掌握高考中不同题型的解题方法。英语听力主要考核我们的听说能力，这也是语言学习的运用表现；单项选择、短文改错主要考核我们基本的英语语法运用能力；完形填空和阅读理解主要考核我们的理解能力；作文题重点考核我们对英语的综合运用能力。

英语题多为选择题，而这里有很多提分技巧，甚至可以去“蒙题”，准确率很高。

9.1 听力早预测，锁定排除

利用听录音前的时间，迅速地捕捉每个小题题干和选项所提供的信息，预测短文或对话可能涉及的内容，这样听录音材料时就能有的放矢，有所侧重，提高答题的准确率。在做听力理解之前根据各种暗示，如所给答案选项、段落或对话标题等已有知识，对即将听到的段落或对话内容进行预测。预测中还可以对一些答案进行排除，锁定可能性比较大的答案选项，听力重点也非常明确。

【例题分析】

Where will the woman first go after work？

A. the cinema　　B. the market　　C. the restaurant

【错误思路】没有提前预测是地点的提问，因此当三个地点的词出现时没有注重它们的先后顺序。

【正确解析】相应的录音原文是：

M：Are you in the end going straight to the restaurant from work tonight？

W：Actually I am leaving work early because I need to do some shopping in the market. And after that I am going to meet Anne outside the cinema. She doesn't know where the restaurant is. You know.

首先通过浏览题目找出关键词 where，first 判定这是一道地点细节题，在听录音的过程中我们要着重寻找 cinema，market，restaurant 这三个词，同时判断哪一个是 the first。虽然 restaurant 是第一个出现的词，但是在女方的回答中，根据 after 的提示可知 market 是她第一个要去的地方。

【技巧总结】

➢ 对话预测

我们可以按照下例 wh- 问题进行预测：

（1）Who are the two speakers?

（2）What is the possible relationship between them?

（3）When did they have the conversation?

（4）Where did the conversation take place?

（5）Why do they have the conversation?

（6）What did they plan to do?

➢ 语篇预测

我们可以按下列问题展开预测：

（1）What is the topic of the passage?

（2）Who is the speaker?

（3）What facts did the speaker offer?

（4）What facts did the speaker fail to offer?

➢ 依靠开篇句预测

听力的第一句话通常会透露整篇的主题，所以我们要善于抓住听力材料的首句信息。

从这一开篇句我们可以预测的信息范围：这是一篇关于时间

的话题；涉及的对象是美国人。

➢ 根据打印在试卷上的听力试题内容预测

根据听力试题，我们可以预测到该对话肯定是侧重于对话人的身份，所以在听力过程中抓住透露双方关系的关键词即可。

9.2 抓住“题眼”，捕捉关键词

在做英语试题时我们必须认真审题，也就是在读题时捕捉关键词语，即题眼法：“题眼”是指题干中的关键词或关键符号，它具有提示信息的作用。

听力题型中，时间非常宝贵。拿到试卷我们就要抓紧时间读题，把这些题中的关键字词圈画出来，听原文材料时，要把出现的关键词记录下来，比如时间、数字、地点等，这样能帮助我们推理出答案。

在单项选择、阅读等题型中，抓住关键词也很重要。很多时候我们没有充足的时间仔细读题，深入理解短文中的内涵，所以要捕捉关键词，并在原文中找到出处，然后快速找到答案。

【例题分析】

The teacher together with the students_______discussing Reading Skills that_____newly published in America.

A. are；were　B.is；were　C. are；was　D.is；was

【错误思路】未找准 together with，未掌握其用法。

【正确解析】D。本题的解题关键在于 together with，主语 + together with+n./pron. 时，句中谓语动词的数要根据前面的主语确定；当先行词在定语从句中做主语时，从句中的谓语动词的单复数与先行词 Reading Skills 为书名保持一致，因此用单数。

【技巧总结】

➢ 抓住说话人身份的关键词

通过关键词判断出对话者的身份，就能有目的性地集中注意力。

➢ 抓住会话场合的关键词

捕捉到关于场合的关键词，熟悉语言环境，就能判断出会话的主题、说话人之间的关系。

➢ 抓住数字信息词

听力材料中可能涉及年、月、日、价格、数量、基数词、序数词、分数、小数、百分比等，这就要求我们学会捕捉数字信息词，熟悉数字之间的关系，同时要注意数词的易混尾音。

9.3 打破“思维定式”，排除干扰

在学习过程中，我们进行了相当多的习题练习，因此对有些类型的题目自然而然地会产生思维定式。当碰到一些已经发生了变化的新题目，如果不作分析而是凭老经验，想当然办事，势必造成错误。为此，必须排除思维定式的干扰，以便选出正确的答案。

做题时一定把题看完整，注意上下文句意联系起来，正确把握语境，这样可以减少定向思维带来的影响。我们可以运用逆向思维灵活解题，达到事半功倍的效果。

出题者会针对我们的惯有思维特性设置一些干扰和陷阱，所

以我们遇到这种题时，既不可“轻易下手”，也不可不知所措，而应做到先三思而后行。

首先，要认真审题，发现“陷阱”。要灵活地运用语法规则，理顺思路，寻找“陷阱”。

其次，要运用多向思维，分析“陷阱”。不要用习惯的、单一的、片面的思维去解题。

再次，要去伪存真，识别“陷阱”。要抓住基本知识点及特殊现象，不厌其烦地归纳理解，认清选择题目中的“鱼目”及“珍珠”，避免落入“陷阱”。

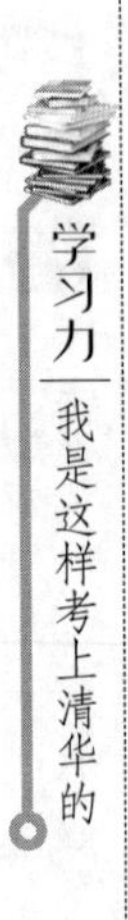

最后，就是要加强验证，跳出“陷阱”。这就要求我们要有良好的检查验证习惯，掌握验证的方法，即使落入了“陷阱”，也能在验证过程中，发现“陷阱”，并迅速地跳出来。

【例题分析】

Isn't it time you got down to________the papers?

A. mark　　　　B. be marked

C. being marked　　　　D. marking

【错误思路】误选A。to在我们的记忆中，经常被视为不定式符号，不定式加动词原形，我们牢记心中，所以答案选择A理所当然。

【正确解析】我们在做题时，遇到像to这样既能做不定式又能做介词的词时，要多留一个心眼，多进行一些考虑，不要一看答案就很快地选择，根本不作任何分析。这里to却是一个介词，get down to doing sth. 开始认真对待某事。所以答案应该是D。

【技巧总结】为了让我们能更好地认识“错误”和“干扰”，并在做题时不落入“陷阱”，这里总结了出题者常用的干扰项目。

➢ 定向思维干扰

定向思维是指我们在长期的思维过程中，所形成的一种固定的思维习惯和模式。高中三年，大家都做了不计其数的练习题，特别是单项选择题。所以，很多同学都形成了对于题目的思维定式。而命题人却恰恰运用了这一点出一些题目，致使很多同学落入陷阱中。

➢ 中文思维干扰

由于我们的母语是中文，所以大家潜意识里会用中文的思维去思考英语中的问题，用中国人的生活方式去对待外国人。也就是说，大家在做题的时候容易受到中文思维的影响。这两年，出题者相当喜欢利用这一点出考题，使我们非常痛苦。

➢ 标点符号干扰

标点符号是一个我们都不重视的环节。在读题时，一般不会太多地去注意标点符号。最常见的问题是“问号”，这是过去高考中常考的。而现在高考中越来越多的题目与标点符号有关，不光出现在单项选择中，其他题型中也会出现。

➢ 插入信息干扰

高考的出题者非常喜欢在一个简单的句子里面，插入一些干扰的信息，主要是为了干扰我们的正常思维能力，分散我们的注意力。主要的干扰信息设置在插入语、定语和从句等中。对于此类题目，我们可以把这些无用的信息完全去掉，这样题目会变得很简单。

➢ 忽视语境情境

高考英语单项选择题由于命题思路的变化，纯语法题越来越少，许多题目增加了语境，在语境中题目可能完全改变了意思。如果我们做题的时候不去注意语境，则很容易误选。

➢ 省略答语干扰

现在的单项选择题中，经常会出现省略答语的情况。省略后，使我们不易看清楚句子的结构、意思。对于此类试题，我们只要学会恢复句子就可以选择出正确的答案了。

9.4 “去枝叶”法，简化还原

当题干有插入成分、修饰语或语法结构把原本连在一起的句子成分分裂开时，最好将其暂时去掉，将分裂开的成分连接起来，这样就会消除因句子成分的繁杂而导致的思维冲突，使理解变得容易起来。

“去枝叶”法就是让题干变得简单，还原它本身要表达的意思。

【例题分析】

The bank is reported in the local newspaper_______in broad daylight yesterday.

A. to be robbed　　B. robbed

C. to have been robbed　　D. having been robbed

【错误思路】不能准确简化复杂的题干。

【正确解析】答案为C。本题考查动词不定式做主语补足语的用法。该句如果暂时去掉地点状语 in the local newspaper，即 The bank is reported______in broad daylight yesterday。可直接看出该句是“be reported / said / believed / known / ...+to do sth. / to have done sth.”句型，动词rob与逻辑主语the bank是被动

关系，时间状语 yesterday 表过去，故应该用动词不定式的完成被动式。

【**技巧总结**】常见的简化还原题型包括以下几种。

➢ 将倒装句改成陈述句

由于倒装句的使用，句子的结构变得陌生，对于这类题，可将题干还原成一个陈述句。

➢ 将陈述句改为倒装句

我们首次接触时是一个倒装句，而出题者恰恰有意地使用陈述句来命题。

➢ 去掉从句或插入语

出题者有意地在一个句子中间插入一个从句或者一个插入语，造成主谓隔离。如果将题干中的从句或插入语去掉，题干就会变得很简单。

➢ 改被动句为主动句

由于被动句的使用，句子的结构相对于主动句来说就没有那么清楚。我们如果将其改为主动句，这类题就会变得清楚得多。

➢ 改省略句为一个完整的句子

省略句使我们不易看清句子的结构。对于这类试题，可恢复被省略的成分，使句子的结构变得明朗，进而选择合适的答案。

9.5 短文改错做好三个“四”

要想做好短文改错题，我们需要做好三个“四”，即分成“四步走”，遵循“四原则”，实施“四查法”。

【例题分析】

Nothing is impossible ! If you have a dream, your dream will must come true as long as you always work hard. To tell you truth, my dream is common. I want to be a doctor. There was a time that I was in hospital. I saw with my own eyes that a doctor fights all night to save a baby's life. I was touched by the kindly behavior of the doctor. I think doctors are the greatest. We can make patients recover from a disease. However, I am determined to be a doctor to help whomever suffers from illnesses. I hope that I am able to help people keep healthy. At the same time, I will devote myself to treat patients. In a word, if I become a doctor in the future, I will try my best to help each patient. From now on, I will spare no effort to study every subjects so that I can go to a key university.

【错误思路】对于考查的语法错误不敏感，无法找出错误。

【正确解析】

Nothing is impossible ! If you have a dream, your dream will must\come true as long as you always work hard. To tell you ∧the truth, my dream is common. I want to be a doctor. There was a time that/when I was in hospital. I saw with my own eyes that a doctor fights/fought all night to save a baby's life. I was touched by the kindly/kind behavior of the doctor. I think doctors are the greatest. We/They can make patients recover from a disease. However/Therefore, I am determined to be a doctor to help $\frac{\text{whomever}}{\text{whoever}}$ suffers from illnesses. I hope that I am able to help people keep healthy. At the same time, I will devote myself to $\frac{\text{treat}}{\text{treating}}$ patients. In a word, if I become a doctor in the future, I will try my best to help each patient. From now on, I will spare no effort to study every $\frac{\text{subjects}}{\text{subject}}$ so that I can go to a key university.

【技巧总结】

➢ 分成“四步走”

（1）通读全文，了解大意。注意语篇结构和行文逻辑。不能在不了解文章大意的情况下，逐字逐行地进行修改。

（2）先易后难，缩小范围。在通读全文的过程中，可以先把文中明显的错误找出来改正，然后再根据具体语境，仔细分析判断，将注意力集中在较难的句子上。

（3）把握句意，逐行判断。可依据“动词形，名词数，注意形和副；非谓动词细辨别，习惯用法要记住；句子结构多分析，逻辑错误须关注”的口诀行事。

（4）再次通读，复查验证。把大部分错误改正之后，如果还有拿不准的地方，就应再次通读全文，并利用语感来作最后的判断。

➢ 遵循“四原则”

（1）改动处以最少为原则。短文改错题要求每行只能改动一处，改动的方法可以是增词、删词或换词，但无论作何种改动，只能是增加一词、减少一词或把一个词改成另一个词。当然，没有错误的行无须改动。也就是说，每行改动之处不能超过一个。

（2）实词以改变词形为原则。在短文改错题中，一般只是改变实词的形式，而不能改变实词的词义，也不能将其改换成另一个实词，更不能随便增删。

（3）虚词以添加或删除为原则。历年的短文改错题中需要添加或删除的地方差不多有3～4处。这些需要添、删的词一般都是虚词（如冠词、介词等），不是实词（如动词、名词等），否则会改变句子的原意。

（4）以保持句子原意不变为原则。做短文改错题时，一般不应改变句子原意。改错时，应该针对短文中的用词错误、语法错误、逻辑错误加以改正，不应更改作者的原意。做到换词不改意，加词不增意，去词不减意。如有多种改法，应以保持原意为原则，择其佳者而从之。

➢ 实施“四查法”

（1）左顾右盼查名词。我们应注意搜寻名词之前及其本身出现的错误，还要看该名词前面是否缺限定词、该用何种限定词，尤其要查名词前冠词的使用情况。当名词前面有形容词修饰时更要加倍注意。

（2）“语（态）”“时（态）”俱进查动词。我们应认真分析动词时态、语态的使用是否正确，尤其要根据上下文所提供的时间信息，仔细推敲，从而选用正确的动词时态形式。

（3）启承转合查连词。若要使文章结构严谨，应在文中使用各种启承转合的连词。这些连词能使文章在结构上和意义上通顺流畅。

（4）文通理顺查逻辑。“文通”指行文合乎英文词法、句法；“理顺”指行文逻辑符合人们普遍认可的道理。

9.6 洞穿 7 选 5 秘诀

7 选 5 题型具有自己的特征，所以我们在解题时要总结其出题的目的，以下这些位置能突出出题的本意，指导我们的解题思路。

➢ 从意思上判断

在做题时最重要的是要读懂空白前后的句子，明白这几句话的确切意思，然后根据意思的连贯性或逻辑性从选项中选取正确答案。在读懂意思的基础上，再利用线索特征词等进一步确认答案。

➢ 从词汇上锁定线索

做题时很重要的一点是保持对一些线索词的敏感，最主要的线索特征词是空白前后的名词和动词，寻找答案时注意在选项中查找同义词、近义词、反义词或表示同一类事物的词语等。其次是代词、数词、表示时间 / 年代的词、地点 / 名称等专有名词等。尤其是在读不懂句子的情况下，利用这样的线索词寻找答案是很有效的方法。

➢ 从关联词上查找

由于英语的句段之间经常会运用关联词表示衔接和过渡，使文章逻辑更清楚和连贯，因此文章中和选项中表示各种逻辑关系的路标性信号词在选择答案时都是很重要的线索。关于这样的路标性信号词请详见下一节文章段落的语段特征之“连贯性”一部分。

在做题时可将这三个层面的线索很好地结合起来。例如，在看到表示并列或递进关系的关联词时，一般表示前后句子的名词或句意具有同指性；而表示转折让步关系的词则往往表示前后句子的名词同指，但句意对立，或褒贬对立或肯否对立；而表示例证关系的词则意味着在举例之前或之后有表述概念或某一观点的句子，往往会有复数名词出现。

我们在做7选5题型时要注重做题时的顺序，请记住答题步骤：首句定位；排比；逻辑关系；指代+同现或复现；连接词+同现或复现；先易后难，缩小范围，从而实现高分突破！

【例题分析】

How to Make Friends

Friendship is a very important human relationship and everyone needs good friends. Good friendship has many benefits. It offers companionship, improves self-worth and promotes good health. There are times in our lives such as when we have recently moved into a new town, or changed our jobs or schools. Such changes often leaves us without a friend __71__. But for many of us the process is difficult and requires courage. Below are some helpful suggestions on how to make and keep friends.

1. Associate with others.

The first step to making friends is associating with other people. You can go to public places to meet new people. Besides, you will need to make yourself known by becoming an active member of such places.

2. Start a conversation.

Starting a conversation is the second most important step in making new friends. __72__ You can always start the conversation.

Being able to make small talk is a very useful skill in relating with other people.

3. __73__.

Choosing friends with common interests is important in building friendship as these interests would always bring you and your friend together, Hanging out will always be a pleasant experience.

4. Let it grow.

It is a good thing to stay in touch. However, try not to press your new friend with calls, messages or visits as this would likely wear him or her out and finally you may lose your friend. __74__. The best friendships are the ones that grow naturally.

5. Enjoy your friendship.

The best way to enjoy your friendship is to allow your friends to be themselves. __75__ Try not to change them from who they are to what you want them to be. Become the kind of friend you will want your friend to be to you.

A. Be cheerful.

B. Do things together.

C. Do not wait to be spoken to.

D. Try not to find fault with your friends.

E. Making new friends comes easy for some people.

F. For a friendship to develop you need to stay in touch.

G. So you will need to give your friend time to react to you.

【错误思路】解题没有思路和逻辑。

【正确解析】

71 空发现复现词 friend，根据转折关系（形容词或副词相反，转折），选 E；

72 空根据同现原则，spoken to 与 conversation 关联，所以选 C；

73 空看到每段都是祈使句，而只有 B 项中有与原文中的复现词 together，所以选 B；

74 空就近原则指代一致 you，复现一致 your friend，所以选 G；

75 空后有 them，说明前面有复数名词，再加上否定句结构排比 Try not to，所以选 D。

【技巧总结】根据试题所在的不同位置确定不同的解题策略。

➢ 如果问题在段首

（1）通常是段落主题句。认真阅读后文内容，根据段落一致性原则，查找同义词或其他相关的词，推断出主题句。

（2）与后文是并列、转折、因果关系等。着重阅读后文第一两句，锁定线索信号词，然后在选项中查找相关特征词。通常正确答案的最后一句与空白后的第一句在意思上是紧密衔接的，因此这两句间会有某种的衔接手段，尤其当选项是几句话时。比如，如果选项中出现时间年代时，往往要注意与原文中年代的前后对应关系。

（3）段落间的过渡句。这时要前瞻后望找启示，即阅读上一段结尾部分，通常正确答案与上一段结尾有机地衔接起来，并结合下一段内容，看所选的答案是否将两段内容连贯起来。

➢ 如果问题在段尾

（1）空白前的一句或两句是重点语句，重点阅读以锁定关键词。

（2）通常是结论、概括性语句。注意在选项中查找表示结果、结论、总结等信号词，如 therefore，as a result，thus，hence，in short，to sum up，to conclude，in a word 等词语，选项中也可发现前文的同义词句。

（3）与前文是转折或对比关系。此时要注意在选项中查找表示转折、对比的关联词，同时注意选项中所讲内容是否与前文在同一主题上形成对立、对比关系。

（4）与前文是并列或排比关系。在这种情况下，通常是该段落要求补全说明本段主题的其他细节，因此根据段落一致性原则，在原文和选项中找到相关的特征词，通常在选项中会出现表示并列/递进关系的关联词或与前文类似的句式结构，或出现同义词等其他信号线索。前面的一句与正确答案的第一句是紧密相连的。要特别注意阅读这样相连的两句，通常会找到关键的线索词句。

（5）所选答案是引出下一段的内容。如果在选项中找不出与前文之间的关联，此时可考虑与下一段开头是否有一定的衔接。认真阅读下一段开头几句，看是否与选项的最后一句紧密连接起来。

（6）如果第一段的段尾是空白，要认真阅读，看此处是细节还是主题。通常文章第一段要提出文章的主题，如果在段尾提出主题，会用一些信号词如转折词引出来，正确答案中应有这样的特征词。

➢ 如果问题是一整个自然段

（1）这个段落应该是承上启下，而且自成一体，即有一个段落的中心，因此可重点阅读选项中较长的选项，以此类推直至找到正确答案。

（2）着重阅读前一段结尾和后一段开头的一两句查找相关的线索，而且重要线索通常会在后一段开头，因此后一段开头往往比前一段结尾更为重要。

（3）分析段落之间的逻辑关系及内容的连贯性，注意段落间的衔接手段。将选项代入原文，如果前后内容连贯，符合逻辑，就能得出正确答案。

7 选 5 考查的是语篇的连贯性和一致性，因此就要使用到各种达到连贯目的的衔接手段，我们可以从以下线索找到解题方法。

➢ 词汇同现线索

词汇同现是指属于同一词汇搭配范畴或者某一领域的词汇在文章中共同出现，达到语义衔接的目的。一般来说，上下文中词汇的范畴越小，上下文的衔接关系越紧密。

➢ 代词线索

英语表达中代词出现的频率极高，代词的作用无非是指代前面提及的名词或形容词概念，巧妙利用这样的指代关系和根据代词的单复数差异可以准确而快速地解题。

➢ 数字线索

数字包括具体数字以及和数字相关的词汇诸如 ratio, rate 等。作者列出数字，除了和其他数字进行对比和比较之外，还可以用数据来说明一个观点。

➢ 逻辑关系线索

包括关系连接词在内的指向性词组比如 what's more, however 等，英文中非常重视逻辑关系，而这些关联词就是逻辑线索，很有可能帮助我们找到问题的答案。

9.7 快速阅读，注重细节和逻辑

做英语阅读题时速度快是非常重要的，无论是完形填空还是阅读理解，不能在某一篇阅读上花费过多的时间，所以我们要掌握快速阅读的方法。

英语阅读选择题中只能选取一个正确答案，这就意味着很多时候我们可以通过对答案的对比来提高选择准确度。

想要快速求解，技巧是最关键的。英语写作是需要有逻辑性的，所以我们要学会利用各种信息找逻辑线索。

【例题分析】

I know I should have told the headmaster at the time. That was my real__1__.

He had gone out of the study for some__2__, leaving me alone. In his absence I looked to see__3__was on his desk. In the__4__was a small piece of paper on which were written the__5__ "English Writing Prize 1949. History Is a Serious of Biographies（人物传记）".

A（n）__6__boy would have avoided looking at the title as soon as he saw the__7__. I did not. The subject of the English Writing Prize was kept a__8__until the start of the exam so I could not__9__reading it.

When the headmaster__10__ I was looking out of the window.

I should have told him what had__11__then. It would have been so__12__to say: "I'm sorry, but I__13__the title for the English

Writing Prize on your desk. You'll have to 14 it."

The chance passed and I did not 15 it. I took the exam the next day and I won. I didn't 16 to cheat, but it was still cheating anyhow.

That was thirty-eight years 17 when I was fifteen. I have never told anyone about it before, 18 have I tried to explain to myself why not.

The obvious explanation is that I could not admit I had seen the title 19 admitting that I had been looking at the things on his desk. 20 there must have been more behind it. Whatever it was, it has become a good example of how a little mistake can trap（使陷入）you in a more serious moral corner（道德困境）.

1. A. plan　B. fault　C. grade　D. luck

2. A. reason　B. course　C. example　D. vacation

3. A. this　B. which　C. that　D. what

4. A. drawer　B. corner　C. middle　D. box

5. A. names　B. words　C. ideas　D. messages

6. A. honest　B. handsome　C. friendly　D. active

7. A. desk　B. paper　C. book　D. answer

8. A. question　B. key　C. note　D. secret

9. A. help　B. consider　C. practise　D. forget

10. A. disappeared　B. remained
C. returned　D. went

11. A. existed　B. remained　C. happened　D. continued

12. A. tiring　B. easy　C. important　D. difficult

13. A. saw　　B. gave　　C. set　　D. made

14. A. repeat　　B. defend　　C. correct　　D. change

15. A. take　　B. have　　C. lost　　D. find

16. A. remember　　B. learn

C. mean　　D. pretend

17. A. past　　B. ago　　C. then　　D. before

18. A. either　　B. never　　C. nor　　D. so

19. A. by　　B. besides　　C. through　　D. without

20. A. But　　B. Though　　C. Otherwise　　D. Therefore

1. **【错误思路】**如果忽视第一句话是虚拟语气，说明自己该做的没有去做，则容易误选。

【正确解析】答案：B

fault 意为“过失，过错；罪过，责任”，常指性格上的弱点或行为上的过失，含有当事人对过失负有责任的意味，有时也可用于物。短文第一句话“I know I should have told the headmaster at the time.”意思是“我本来应该在那时告诉校长。”因为本来应该做而没有做，所以作者认为这的确是他的过错。plan 意为“计划”。grade 意为“等级，级别；阶段；程度，标准，水平”。luck 意为“幸运”。

2. **【错误思路】**如果忽视 for some reason 表示“为某种理由”是固定结构，则可能误选。

【正确解析】答案：A

reason 意为“理由”，指对已经发生的事情提供的理由、原因或借口，着重说明行为的动机。for some reason 表示“为某种理由”。course 意为“进程，经过，过程，趋势”。example 意为“例证，实例；标本，样本”，for example 表示“例如”，常用逗号将其与句子分开。vacation 意为“假期”，短文中没有提到校长度假的事。

3.【错误思路】如果分不清这是宾语从句，缺少主语，则可能会误选。

【正确解析】答案：D

what 引导宾语从句，在从句中做主语。look to 意为“照顾，注意，负责”。表示在他不在期间，我看到他的办公桌上有什么。this 不引导从句。which 引导宾语从句，表示“哪一个”。that 引导宾语从句时，在从句中不充当任何成分，只起连接作用。

4.【错误思路】如果忽视上文所提供的情景 in his absence I looked to see what was on his desk，则可能误选。

【正确解析】答案：C

in the middle 表示“在他的办公桌的中间”，根据上文所提供的情景“in his absence I looked to see what was on his desk”，可判断出在他的办公桌的中间有一张字条。drawer 意为“抽屉”。corner 意为“角落”。box 意为“盒子，箱子”。

5.【正确解析】答案：B

words 意为“话语”，根据所提供的情景 English Writing Prize 1949: History Is a Series of Biographies 可判断出在字条上写的话语。name 意为“名字”。idea 意为“主意”。message 意为“口信”。

6.【错误思路】如果忽视下文的情景设置则可能误选。

【正确解析】答案：A

honest 意为“诚实的；正直的，耿直的；坦率的，坦白的，正派的，公正的”。指言行一致、表里如一，忠诚可靠，强调真实性。根据下文中的 exam 可判断出字条上写的内容是考试的题目，作为诚实的学生，不应该提前看这张字条。handsome 意为“（一般指男子外貌）漂亮的，清秀的，俊美的”。friendly 意为“友好的”。active 意为“活跃的”。

7.【正确解析】答案：B

paper 意为“纸”，指上文提到的写着考试题目的字条。desk 意为“办公桌，课桌”。book 意为“书”。answer 意为“答案”。

8.【正确解析】答案：D

secret 意为“秘密”，表示英语写作大奖赛的题目应该在开始考试前一直处于保密状态。question 意为“问题”。key 意为“答案，关键，钥匙”。note 意为“笔记”。

9.【错误思路】如果忽视下文跟的是 doing，则可能会误选。

【正确解析】答案：A

can't help doing sth. 意为“禁不住做某事”。根据上文所提供的情景“I did not.”（有没有避免看这个题目）。可判断出作者禁不住读了这个题目。consider 意为“考虑”。practise 意为“实践”。forget 意为“忘记”。

10.【错误思路】如果忽视上下文的情景设置则会错选 A。

【正确解析】答案：C

return 意为“回来”，表示当校长回来时，作者正看着窗外。disappear 意为“消失”。remain 意为“剩余，剩下；遗留，留下”。go 意为“走，去”。

11.【正确解析】答案：C

happen 意为“发生”，多指客观的或具体的事物发生，含有偶然或自发的意味，间或也指按计划发生。表示作者本来应该把发生的事告诉校长，但没有告诉。

12. **【正确解析】**答案：B

easy 意为“容易”，因为说出自己因看了大奖赛的题目而非常抱歉是一件容易的事。tiring 意为“令人疲劳的”。important 意为“重要的”。difficult 意为“困难的”。

13. **【正确解析】**答案：A

see 意为“看见”，指看见了校长办公桌上大奖赛的题目。give 意为“给”。set 意为“放，搁，贴，靠”。make 意为“制造”。

14. **【错误思路】**如果忽视上文提到的作者提前看了英语写作大奖赛的题目，则易误选。

【正确解析】答案：D

change 意为“改变，变更，变换”，因为作者提前看了英语写作大奖赛的题目，所以他认为校长应该改换这个题目。repeat 意为“重复”。defend 意为“保卫”。correct 意为“改正”。

15. **【错误思路】**如果不了解 take it 意为“把握住机会”，则易误选。

【正确解析】答案：A

take it 意为“把握住机会”。因为作者当时没有把自己看了大奖赛的题目这件事告诉校长，失去了这个机会。have 意为“有”。lost 意为“丢失”。find 意为“发现”。

16. **【正确解析】**答案：C

mean to do sth. 意为“打算做某事”，表示作者并没有打算作弊。remember to do sth. 意为“记着去做某事”。learn to do sth. 意为“学会做某事”。pretend to do sth. 意为“假装做某事”。

17.【正确解析】答案：B

ago 意为“以前，前”，表示这件事发生在 38 年前，当时作者 15 岁。past 意为“过去的；完了的”，放在“数字 + 表示时间的名词”前表示“在过去的多少年”。如：in the past three years（在过去的三年中）。then 意为“然后”。before 意为“在……之前”。

18.【错误思路】如果忽视前文的 neither 则易误选其他，典型错误选 B。

【正确解析】答案：C

nor 意为“也不，也没有”，与上文中的 neither 构成 neither... nor 表示“既不……，也不”，表示既没有把这件事告诉任何人，也没有试图向自己解释为什么当时没有把这件事告诉校长。either 意为“两者之一的；（两者之中）随便哪一个的；两者中任何一方的”。never 意为“从不”。so 意为“因此”。

19.【正确解析】答案：D

without 意为“没有”，表示没有得到允许看放在办公桌上的东西。by 意为“通过”，表示通过某种手段或方式。besides 意为“另外（还）”。through 意为“穿过”。

20.【错误思路】如果忽视了前后的逻辑关系表示的是转折，而非其他，则很可能误选 D。

【正确解析】答案：A

but 意为“但是”，表示两句之间是转折对比关系。though 引导让步状语从句，表示“虽然，尽管”。otherwise 意为“否则”。therefore 意为“因此”。

【技巧总结】

在进行阅读理解或者完形填空时我们可以抓住以下提到的线索进行分析，无论出题者出了怎样的题目，命题思路基本逃不出这些方向。

➢ 利用首句信息

完形填空和阅读理解所采用的短文一般不给标题，所以首句成了非常重要的信息中心。这个句子往往是全文的关键句，它是了解全文的窗口，常常包含对解题有用的信息，因此我们要注重细读首句，并据此来判断文章的体裁、题材，推测全文的主旨和大意，推断故事发生的人物、地点、时间、气氛等多方面的特征，争取开局顺利。

➢ 利用前后暗示

完形填空和阅读理解中除了考查对语境的理解外，还经常在短文中设置前后互相暗示的问题。所以，我们在做题时一定要充分利用这一特点，以提高做题的准确率。

➢ 利用逻辑推理

做完形填空和阅读理解的过程从本质上说是一个阅读推理的过程。为了能够准确、快速地理解文章内容，我们必须把握作者的思路，使自己的思维模式与作者的思维模式相吻合，同时我们还必须不断地从各个角度进行合乎逻辑的推理，并不断地验证推理的正确性，以达到理解全文、解决问题的目的。正确分析推理是恰当解题的必要条件，而恰当解题又是对题目进行正确分析推理的必然结果。

➢ 利用语境因素

文章是一个具有内在联系的整体，而上下文则是营造语境的基础，也是逻辑推理的依据。通读全文，理顺大意，根据上下文找出信息词是做好完形填空题的关键。

➢ 利用语法分析

语法知识的运用贯穿在阅读短文中，借助语法分析来帮助理解句子，推测语境，判断搭配等，是必不可少的。因此我们做题时应充分利用平时所学的语法及词汇，名词的可数与不可数，动词的及物与不及物以及句子结构等知识。

➢ 利用文化背景和生活常识

高考完形填空和阅读理解往往以自身的内容提供相对完整的语篇信息，但其间交织渗透着各类相关的文化背景知识和常识，如文化、风俗、生活常识以及科学知识等，我们在做题时若能充分利用社会文化知识和生活常识，并注意中西方文化方面存在的差异，将会大大简化复杂的分析与判断过程，节省宝贵的时间，顺理成章地选出正确的答案。

9.8 复杂理解，活用矩阵法则

高考英语如何才能瞬间大幅度提分？模棱两可和看不懂时，该怎么办？活用矩阵法则！

什么是矩阵法则？在复杂的阅读问题中，往往存在许多成对的质量因素。将这些成对因素找出来，分别排列成行和列，其交点就是其相互关联的程度，在此基础上再找出存在的问题及问题的形态，就能找到解决问题的思路。

【例题分析】

What will people die of 100 years from now? If you think

that is a simple question, you have not been paying attention to the revolution that is taking place in bio-technology (生物技术). With the help of new medicine, the human body will last a very long time. Death will come mainly from accidents, murder and war. Today's leading killers, such as heart diseases, cancer, and aging itself, will become distant memory.

In discussion of technological changes, the Internet gets most of the attention these days. But the change in medicine can be the real technological event of our times. How long can humans live? Human brains were known to decide the final death. Cells (细胞) are the basic units of all living things, and until recently, scientists were sure that the life of cells could not go much beyond 120 years because the basic materials of cells, such as those of brain cells, would not last forever. But the upper limits will be broken by new medicine. Sometime between 2050 and 2100, medicine will have advanced to the point at which every 10 years or so, people will be able to take medicine to repair their organs (器官). The medicine, made up of the basic building materials of life, will build new brain cells, heart cells, and so on—in much the same way our bodies make new skin cells to take the place of old ones.

It is exciting to imagine that the advance in technology may be changing the most basic conditional human existence, but many technical problems still must be cleared up on the way to this wonderful future.

56. According to the passage, human death IS now mainly caused by______.

A. diseases and aging　　　B. accidents and war

C. accidents and aging　　　D. heart disease and war

细节题可根据提干关键字到原文中定位!

57. In the author's opinion, today's most important advance in technology lies in______.

A. medicine　　　B. the Internet

C. brain cells　　　D. human organ

58. Humans may live longer in the future because______.

A. heart disease will be far away from us

B. human brains can decide the final death

C. the basic materials of cells will last forever

D. human organs can be repaired by new medicine

推论在尾段，找不到就向中心靠拢，或找 but 句。

59. We can learn from the passage that ______.

A. human life will not last more than 120 years in the future

B. humans have to take medicine to build new skin cells now

C. much needs to be done before humans can have a longer life

D. we have already solved the technical problems in building new cells

【错误思路】关键词句定位不准确。

【正确解析】我们发现此细节题通过关键字无法定位，但 57 题和 59 题都解决了，发现第二大段没出题或只出了一个题，按出题顺序，本问题 58 题应该定位在第二段。

通过选项中的被动结构可能是答案原则，可定位 58 题 D 选项可能是答案！然后画出 D 项中的名词 medicine 和 organs，到第二大段中去找。

发现 medicine 在第二大段中反复出现，即为中心词。当然就可以确定 D 是答案了！

【技巧总结】

三个常用矩阵法则序列：

（1）出题大概是按照顺序出的；

（2）选项中的被动结构可能是答案；

（3）找不到或找不全关键字无法确定出题点时，可按出题顺序，大致找到未出题的段落，然后看段首尾有没有段落中心句，没有就看该段反复出现了哪个名词，含有它或与其意思相近的就是答案了。

9.9 写作有绝招，万能公式来帮忙

英语写作可以用“万能公式”来解决，但是这个公式不是随便找来的，而是要自己总结出来，因为不同的人针对不同的题型都有自己的英语感觉，最适用的才是最好的。

平时写英语作文时可以积累一些英语短语和句式，组合成属于自己的写作“万能公式”，注意：一定要是自己的！

➢ 段首句

段首最好是一些名言名句，这样能一下子吸引阅卷老师。

➢ 中间段落句

中间段落需要一些连接词串起来，这一点非常重要。

➢ 结尾句

结尾主要是总结归纳，并能点题。

【例题分析】

【父母对孩子的不当教育】

孩子的成长和教育是社会热议的话题，现今父母包揽一切、孩子过度依赖等现象十分严重。请阅读下面的漫画，按要求用英文写一篇短文。

内容要求：1. 描述漫画内容；2. 分析漫画所揭示的问题；3. 提出你的看法。

注意：1. 短文开头已给出，不计入总词数；2. 考生可适当发挥，使文章内容充实、连贯；3. 词数120左右；4. 文中不能出现考生的具体信息。

参考词汇：pave the way

【错题思路】未按要求完成写作，语法错误，单词拼写有误，书写潦草等。

【参考例文】

From the picture we can see a family of three walking on a long red carpet. The son, well dressed, waves proudly in the middle while the father behind bends forward to hold the jacket and the mother in front rolls out the carpet, sweating.

It shows a common phenomenon nowadays that children are the focus of families, shouldering the hope of their parents. Parents arrange everything for their children and spare no effort to pave the way for their success. As a consequence, children become so reliant on their parents that they have no independent thought or creative ideas.

Such a situation is of great concern. In my opinion, overprotection and too much care are extremely bad for children's development. Instead of doing everything for them, parents should encourage their children to overcome difficulties and inspire them to develop by themselves. Only in this way can they grow up to be independent and become truly successful.

【技巧总结】

写作的“七项基本原则”：

- 长短句原则：合理分配好长短句的使用频率，重点是要表达清楚意思。
- 主题句原则：在文章的开头和结尾一定要有主题句，把具体要论述的观点表述清楚。
- 一 二 三原则：在论述每一个观点的时候要分层次罗列

一二三依次说明，所以要多用 firstly，secondly，thirdly 等连接词。

- 短语优先原则：在同一个意思可以用一个单词或者短语来表述时，可以先选择短语，这能让文章看起来更丰富。
- 多实少虚原则：在阐述每一个观点的时候要用事实来证明，每一句话要用实处，让人信服。
- 多变句式原则：在使用英语句式过程中要灵活运用倒装、被动等语句，让文章看起来不会过于平淡。
- 加一个原则：论据的提出要充分，所以在常用的要素之余再加一点更有优势。
- 总分总原则：无论从文章结构还是每一段落的结构分配上，总分总都是最清晰的，因此要有总起句，然后分步阐述，最后总结概括，提一些建议或者希望。

9.10 培养“蒙”感，准确率达 75%

英语选择题占据了很大的比例，蒙题技巧非常重要。我们可以发现很多关于选择题的规律，十分好用。

这个“蒙”，总共有以下三点技巧：

- 找共同点。
- 找矛盾点（适用于单选）。
- 培养“蒙感”。

所谓“蒙感”，就是蒙题的感觉。我们不可能一张卷子上一道题也不会做（当然也有例外），也不可能每道题都会做。这时，就要看蒙题的感觉了。所有考试的人都知道，选择题中选择B、C选项的占绝大多数。所以遇到不会的题，就往B、C上靠，正确概率会大一点。

这个“蒙感”是要靠自己的第六感，千万不要背“数字”。“蒙感”的使用是针对一部分学习不太好的同学，他们可以通过这种方法找到一些自信，遇到不会题有机会得到更高的分数从而达到自己的目标。

【例题分析】

We can learn from the text that_________.

A. email is less popular than the fax service

B. the postal service has over the years become faster B> <C

C. the postal service has over the years become slower

D. the fax service has a history as long as the postal service does

【错误思路】在短文中查找线索出错或理解出错等。

【正确解析】如果答案中有内容完全相反的情况，就选择其中之一即可，所以答案在B和C之中。

【技巧总结】

➢ 内容相似，都排除。

高考英语选择题只能选取一个正确答案。

➢ 内容相反，取其一：高考英语选项中出现完全相反的意思，那么答案一般就在这两个选项中。

➢ 结构相似，取其一：高考英语选项中有相似的结构，那么肯定是对比结构的辨析，所以答案就在这两个选项中。

➢ 相对、绝对项，取其一：在很多选项中出现了过于绝对和相对的选项，那么基本答案就锁定在相对的那一个。

|第10章|

高考物理技巧审题与解题

——抓住物理特征表征物理意义

高考物理穿插在理综试卷中，我们需要权衡好解题时间。物理选择题要免于被似是而非的“诱解（引诱我们上当的解）”所迷惑；物理应用题是针对生产、生活、科研中的实际事物提出问题，要转化成理想模型去分析题设条件。

高中物理最基本解题的技巧就两点。

技巧一：审题时要注意题目中的关键词；

技巧二：审题过程中要注意隐含条件的挖掘；挖掘隐含条件的方法；咬文嚼字，将图像转化为数学表。

10.1 抓住临界，就是突破

当物体由一种物理状态变为另一种物理状态时，可能存在一个过渡的转折点，这时物体所处的状态通常称为临界状态，与之相关的物理条件则称为临界条件。

解答临界问题的关键是找临界条件。许多临界问题的“题眼”明显，题干中常用“恰好”“刚好”“最大”“至少”“不相撞”“不脱离”等词语对临界状态给出了明确的暗示，审题时，一定要抓住这些特定的词语发掘内含规律，找出临界条件。

【例题分析】如图所示，竖直环 A 半径为 r，固定在木板 B 上，木板 B 放在水平地面上，B 的左右两侧各有一挡板固定在地上，B 不能左右运动，在环的最低点静放有一小球 C，A、B、C 的质量均为 m。现给小球一水平向右的瞬时速度 v，小球会在环内侧做圆周运动，为保证小球能通过环的最高点，且不会使环在竖直方向上跳起（不计小球与环的摩擦阻力），瞬时速度必须满足（　　）。

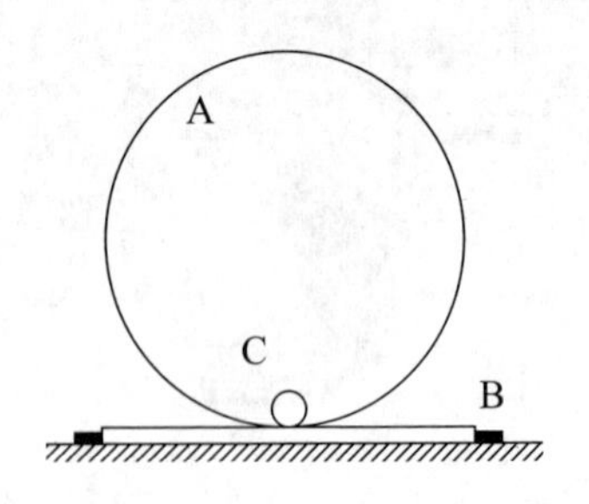

A. 最小值$\sqrt{4gr}$　　　　B. 最大值$\sqrt{6gr}$

C. 最小值$\sqrt{5gr}$　　　　D. 最大值$\sqrt{7gr}$

【答案】CD

【错误思路】对于临界条件的认识不熟悉，不能充分建立临界关系，找不到突破口。

【正确解析】要保证小球能通过环的最高点，在最高点最小速度满足$mg=m\frac{v_0^2}{r}$，由最低点到最高点由机械能守恒得：$\frac{1}{2}mv_{\min}^2=mg\cdot 2r+\frac{1}{2}mv_0^2$，可得小球在最低点瞬时速度的最小值为$\sqrt{5gr}$；为了不会使环在竖直方向上跳起，在最高点有最大速度时，球对环的压力为$2mg$，满足$3mg=m\frac{v_1^2}{r}$，从最低点到最高点由机械能守恒得：$\frac{1}{2}mv_{\max}^2=mg\cdot 2r+\frac{1}{2}mv_1^2$，可得小球在最低点瞬时速度的最大值为$\sqrt{7gr}$。

【技巧总结】我们在审题中抓住临界状态时就会看到解题的突破口，平时做练习时要重视训练自己对于临界情况以及临界条件的敏锐性(见下表)。高考解题中要对临界条件的语句非常敏感，然后在脑中形成解题思路。

临界情况	临界条件
速度达到最大	物体所受合外力为零
刚好不相撞	两物体最终速度相等或者接触时速度相等
刚好不分离	两物体仍然接触、弹力为零 原来一起运动的两物体分离时不只弹力为零且速度和加速度相等
运动到某一极端位置	
粒子刚好飞出（飞不出）两个极板间的匀强电场	粒子运动轨迹与极板相切

续表

临界情况	临界条件
粒子刚好飞出（飞不出）磁场	粒子运动轨迹与磁场边界相切
物体刚好滑出（滑不出）小车	物体滑到小车一端时与小车的速度刚好相等
刚好运动到某一点（“等效最高点”）	到达该点时速度为零
绳端物体刚好通过最高点	物体运动到最高点时重力（“等效重力”）等于向心力速度大小为$\sqrt{gR}\left(\sqrt{g'R}\right)$
杆端物体刚好通过最高点	物体运动到最高点时速度为零
某一量达到极大（小）值	
双弹簧振子弹簧的弹性势能最大	弹簧最长（短），两端物体速度为零
圆形磁场区的半径最小	磁场区是以公共弦为直径的圆
使通电导线在倾斜导轨上静止的最小磁感应强度	安培力平行于斜面
两个物体距离最近（远）	速度相等
动与静的分界点	
转盘上“物体刚好发生滑动”	向心力为最大静摩擦力
刚好不上（下）滑 保持物体静止在斜面上的最小水平推力 拉动物体的最小力	静摩擦力为最大静摩擦力，物体平衡
关于绳的临界问题	
绳刚好被拉直	绳上拉力为零
绳刚好被拉断	绳上的张力等于绳能承受的最大拉力
运动的突变	
天车下悬挂重物水平运动，天车突停	重物从直线运动转为圆周运动，绳拉力增加
绳系小球摆动，绳碰到（离开）钉子	圆周运动半径变化，拉力突变
全反射问题	
刚好（有）没有红光射出	入射角等于红光的临界角

10.2 逐步递推，思路如泉涌

递推法应用于物体发生多次作用后的规律寻找和运算。运用这种方法要求我们对物理运动进行合理的分析，找出其中的规律，并利用数学和物理知识做出通式。

根据最基础的条件一步一步解题，就会看到整体的解题思路。可能一开始思路并不是很清晰，但通过一步一步递推就能很清晰看到解题的关键所在。

递推法应用的关键是做出递推关系式，以便于问题的解决。具体应用中，递推法可以解决多种问题，掌握之后有助于提升我们的解题能力。

【例题分析】如图，ABCD 为一竖直平面的轨道，其中 BC 水平，A 点比 BC 高出 10 米，BC 长 1 米，AB 和 CD 轨道光滑。一质量为 1 千克的物体，从 A 点以 4 米 / 秒的速度开始运动，经过 BC 后滑到高出 C 点 10.3m 的 D 点速度为零。求：（$g=10m/s^2$）

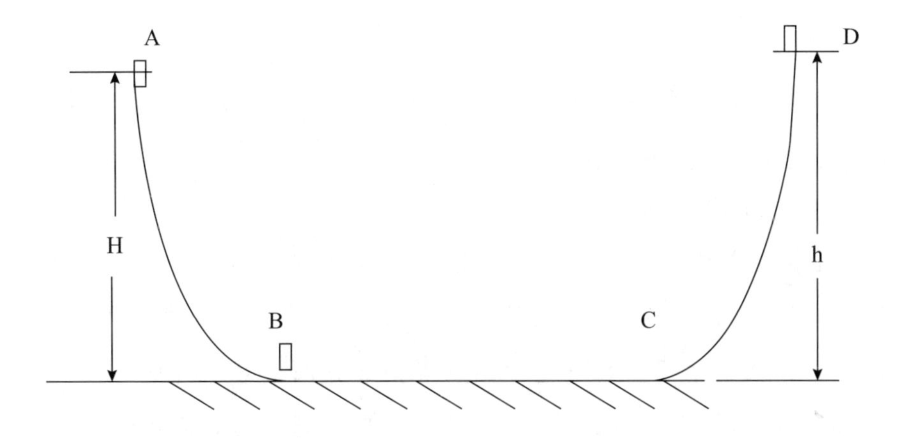

（1）物体与 BC 轨道的滑动摩擦系数。

（2）物体第 5 次经过 B 点时的速度。

（3）物体最后停止的位置（距 B 点）。

【错误思路】有时候我们看到题目时感觉过于复杂就不想落笔计算或者一步步推理，但又不能一下子思考出解题的思路，就会浪费时间。

【正确解析】（1）分析从 A 到 D 过程，由动能定理得

$$-mg(h-H)-\mu mgS_{BC}=0-\frac{1}{2}mV_1^2$$

解得 $\mu=0.5$

物体第 5 次经过 B 点时，物体在 BC 上滑动了 4 次，由动能定理得

$$-mgH-\mu mg4S_{BC}=\frac{1}{2}mV_2^2-\frac{1}{2}mV_1^2$$

解得 $V_2=4\sqrt{11}m/s\approx 13.3\text{m/s}$

（2）分析整个过程，由动能定理得

$$mgH-\mu mgs=0-\frac{1}{2}mV_1^2$$

解得 $s=1.6m$

所以物体在轨道上来回了 20 次后，还有 1.6m，故离 B 的距离为

$$2m-1.6m=0.4m$$

【技巧总结】递推法能解决很多实际问题，比如火车启动问题、自由落体问题等。在解决物理问题时，我们能够根据题目类型，确定递推法的运用。在解题中通过观察和判断，寻找其中存在的规律，列出等式，进而有效解决该类物理问题。这种方法的运用能够节省答题时间，提高答题效率，也能够让我们掌握良好的学

习方法，学会举一反三，从而增强对物理学习的兴趣，提高物理答题的效率。

10.3 难以判断，先设个“假如”

假设法是解决物理问题的一种常见方法，其基本思路为假设结论正确，经过正确的逻辑推理，看最终的推理结果是否与已知条件相矛盾或是否与物理实际情境相矛盾来判断假设是否成立。

审题之后我们如果发现题设中的条件有多种情况，导致无法下笔解题，那么就要先假设这些可能的情况，然后再对研究对象进行分析计算。

【例题分析】如图所示，小车的质量为 m_0，人的质量为 m，人用恒力 F 拉绳，若人和小车保持相对静止，不计绳和滑轮质量及小车与地面间的摩擦，则求小车对人的摩擦力。

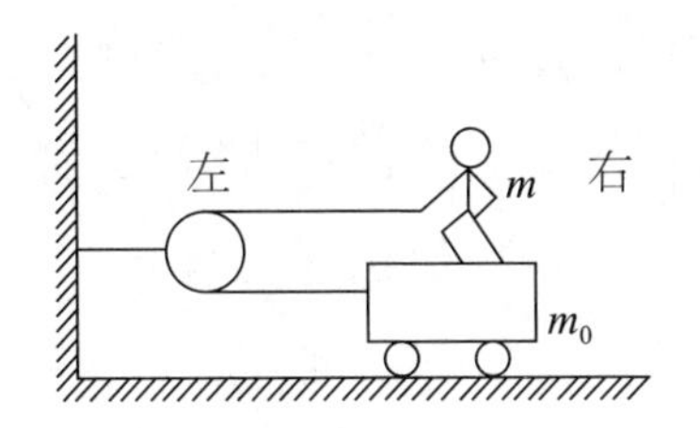

【错误思路】不注重审题，对假设的条件不重视，或者不知道如何假设物理模型。

【正确解析】假设小车对人的静摩擦力方向向右，先对整体分析受力有：

$$2F=(m_0+m)a$$

再隔离出人，对人分析受力有 $F-F_f=ma$

解得 $F_f=\dfrac{m_0-m}{m_0+m}F$

方向讨论：若 $m_0>m$，则方向向右；若 $m_0=m$，则静摩擦力为零；若 $m_0<m$，则静摩擦力方向向左。

【技巧总结】假设法在物理中有着很广泛的应用，凡是利用直接分析法很难得到结论的问题，用假设法来判断不失为一种较好的方法，如判断摩擦力时经常用到假设法，确定物体的运动性质时经常用到假设法。

10.4 函数极值，巧妙运用

通常情况下，由于物理问题涉及的因素众多、过程复杂，很难直接把握其变化规律进而对其作出准确的判断。但我们若将问题推到极端状态、极值条件或特殊状态下进行分析，却可以很快得出结论。像这样将问题从一般状态推到特殊状态进行分析处理的解题方法就是极值法。极值法在进行某些物理过程的分析时，具有独特作用，恰当应用极值法能提高解题效率，使问题化难为易，化繁为简，思路灵活，判断准确。

用极值法分析问题，关键在于是将问题推向什么极端，采用什么方法处理。具体来说，首先要求待分析的问题有“极端”的存在，然后从极端状态出发，回过头来再去分析待分析问题的变化规律。其实质是将物理过程的变化推到极端，使其变化关系变得明显，以实现对问题的快速判断。通常可采用极端值、极端过程、特殊值、函数求极值等方法。

【例题分析】如图所示电路，已知电源电动势 E=6.3V，内电阻 r=0.5Ω，固定电阻 R_1=2Ω，R_2=3Ω，R_3 是阻值为 5Ω 的滑动变阻器。按下电键 S，调节滑动变阻器的触点，求通过电源的电流范围。

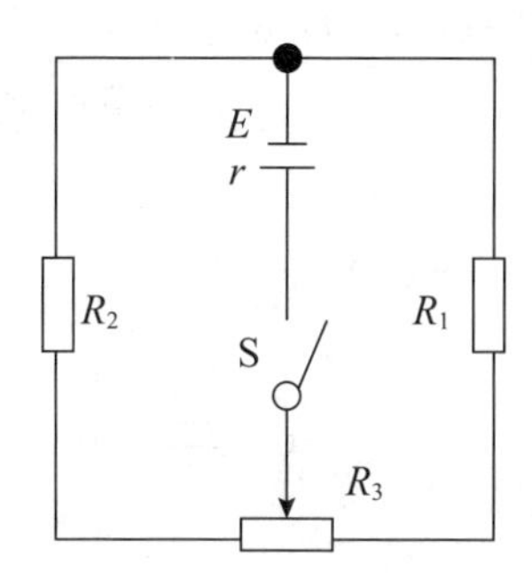

【错解】将滑动触头滑至左端，R_3 与 R_1 串联再与 R_2 并联，

外电阻 $R=\dfrac{(R_1+R_3)R_2}{R_1+R_2+R_3}=\dfrac{(2+5)\times 3}{2+5+3}\Omega=2.1\Omega$

$I=\dfrac{E}{R+r}=\dfrac{6.3}{2.1+0.5}\text{A}=2.4\text{ A}$

再将滑动触头滑至右端，R_3 与 R_2 串联再与 R_1 并联，外电阻

$R'=\dfrac{\left(R_2+R_3\right)R_1}{R_1+R_2+R_3}=1.6\ \Omega$

$I'=\dfrac{E}{R'+r}=3\text{A}$

【错误思路】由于平时实验，常常用滑动变阻器作限流用（滑动变阻器与用电器串联），当滑动头移到两头时，通过用电器的电流将最大或最小，以致给人以一种思维定式：在没有分析具体电路的情况下，只要电路中有滑动变阻器，滑动头在它的两头，通过的电流是最大或最小。

【正确解析】将原图化简成如图所示，外电路的结构是 R'

与 R_2 串联、（R_3-R'）与 R_1 串联，然后这两串电阻并联。要使通过电路中电流最大，外电阻应当最小，要使通过电源的电流最小，外电阻应当最大。设 R_3 中与 R_2 串联的那部分电阻为 R'，外电阻 R 为

$$R=\frac{(R_2+R')(R_1+R_3-R')}{R_2+R'+R_1+R_3-R'}=\frac{(R_2+R')(R_1+R_3-R')}{R_2+R_1+R_3}$$

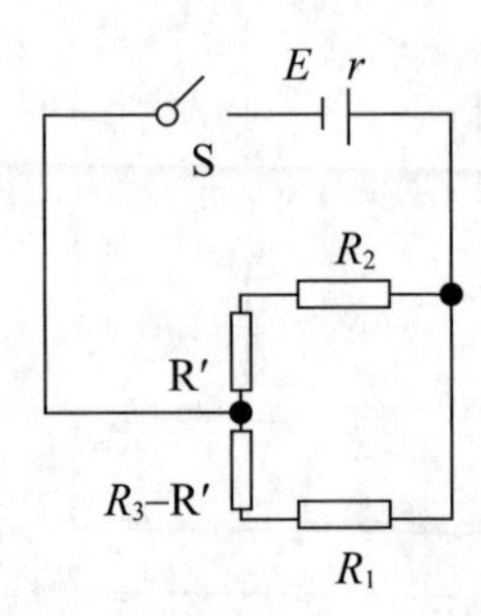

因为两数和为定值，两数相等时其积最大，两数差值越大其积越小。

当 $R_2+R'=R_1+R_3-R'$ 时，R 最大，解得

$R'=2\Omega$，$R_{大}=2.5\ \Omega$

因为 $R_1=2\ \Omega < R_2=3\ \Omega$，所以当变阻器滑动到靠近 R_1 端点时两部分电阻差值最大，此时外电阻 R 最小：

$$R_{小}=\frac{(R_2+R_3)R_1}{R_1+R_2+R_3}=1.6\ \Omega$$

由闭合电路的欧姆定律有：

$$I_{小}=\frac{E}{R_{大}+r}=\frac{6.3}{2.5+0.5}\ \text{A}=2.1\ \text{A}$$

$$I_{大}=\frac{E}{R_{小}+r}=\frac{6.3}{1.6+0.5}\ \text{A}=3\ \text{A}$$

【点睛之笔】不同的电路结构对应着不同的能量分配状态。

电路分析的重要性有如力学中的受力分析。画出不同状态下的电路图，运用电阻串联、并联的规律求出总电阻的阻值或阻值变化表达式是分析电路的首要工作。

【技巧总结】

➢ 极值法

对于所考虑的物理问题，从它所能取的最大值或最小值方面进行分析，将最大值或最小值代入相应的表达式，从而得到所需的结论。

➢ 极端过程法

有些问题，对一般的过程分析求解难度很大，甚至中学阶段暂时无法求出，若把研究过程推向极端情况来加以考察分析，往往能很快得出结论。

10.5 等效转化，化繁为简

等效法是科学研究中常用的思维方法之一，它是从事物的等同效果这一基本点出发的，把复杂的物理现象、物理过程转化为较为简单的物理现象、物理过程来进行研究和处理，其目的是通过转换思维活动的作用对象来降低思维活动的难度，它也是物理学研究的一种重要方法。

解题中要将不同的物理现象进行对比，其中很多背景不同，但计算本质是一致的，我们需要从题设中抓住问题的本质，从本质问题出发去挖掘已知条件，并展开物理计算。

【例题分析】如图所示，已知回旋加速器中，D形盒内匀强磁场的磁感应强度 B=1.5T，盒的半径 R=60cm，两盒间隙 d=1.0cm，盒间电压 $U=2.0\times10^4$V，今将α粒子从近于间隙中心某点向D形盒内以近似于零的初速度垂直 B 的方向射入，求粒子在加速器内运行的总时间。

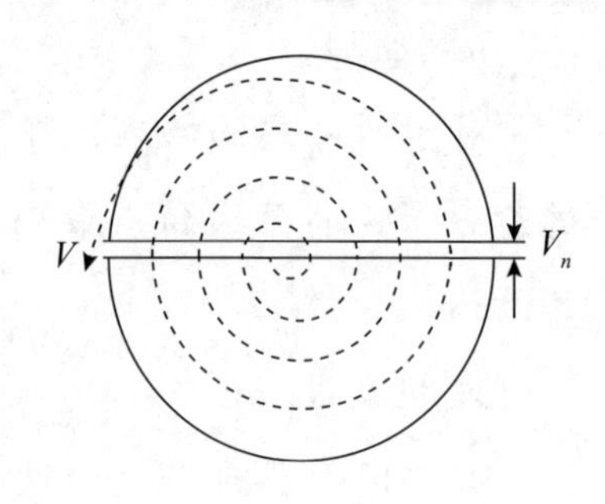

【错误思路】被复杂的题设背景干扰，无法抓住本质问题，错过等效计算的方法。

【正确解析】带电粒子在回旋加速器转第一周，经两次加速，速度为 v_1，则根据动能定理得：

$$2qU=\frac{1}{2}mv_1^2$$

设运转 n 周后，速度为 v，则 $n2qU=\frac{1}{2}mv^2$

由牛顿第二定律有 $qvB=m\frac{v^2}{R}$

粒子在磁场中的总时间：$t_B=nT=n\cdot\frac{2\pi m}{qB}=\frac{B^2q^2R^2}{4qmU}\cdot\frac{2\pi m}{qB}=\frac{\pi R^2B}{2U}$

粒子在电场中运动就可视作初速度为零的匀加速直线运动，由公式：

$t_E=\frac{v_t-v_0}{a}$，且 $v_0=0$，$v_t=a=\frac{qU}{dm}$

得 $t_E=\frac{BRd}{U}$

故 $t=t_B+t_E=\frac{BR}{U}\left(\frac{\pi R}{2}+d\right)=4.5\times10^{-5}\times(0.94+0.01)s=4.3\times10^{-5}$s。

【点睛之笔】 粒子在间隙处电场中每次运动时间不相等，且粒子多次经过间隙处电场，如果分段计算每一次粒子经过间隙处电场的时间，很显然将十分烦琐。我们注意到粒子离开间隙处电场进入匀强磁场区域到再次进入电场的速率不变，且粒子每次在电场中加速度大小相等，所以可将各段间隙等效“衔接”起来，把粒子断断续续在电场中的加速运动等效成初速度为零的匀加速直线运动。

【技巧总结】用等效法研究问题时，并非指事物的各个方面效果都相同，而是强调某一方面的效果。因此一定要明确不同事物在什么条件、什么范围、什么方面等效。在中学物理中，我们通常可以把所遇到的等效分为物理量等效、物理过程等效、物理模型等效等。

➢ 物理量等效

在高中物理中，小到等效劲度系数、合力与分力、合速度与分速度、总电阻与分电阻等；大到等效势能、等效场、矢量的合成与分解等，都涉及物理量的等效。如果能将物理量等效观点应用到具体问题中去，可以使我们对物理问题的分析和解答变得更为简捷。

➢ 物理过程等效

对于有些复杂的物理过程，我们可以用一种或几种简单的物理过程来替代，这样能够简化、转换、分解复杂问题，能够更加明确研究对象的物理本质，以利于问题的顺利解决。

高中物理中我们经常遇到此类问题，如运动学中的逆向思维、电荷在电场和磁场中的匀速圆周运动、平均值和有效值等。

➢ 物理模型等效

物理模型等效在物理学习中应用十分广泛，特别是力学中的很多模型可以直接应用到电磁学中去，如卫星模型、人船模型、子弹射木块模型、碰撞模型、弹簧振子模型等。实际上，我们在学习新知识时，经常将新的问题与熟知的物理模型进行等效处理。

10.6 常规无解？代入特值

在解高考物理选择题时，我们经常遇到有些题目用严谨的推理可以做出答案，但是过程相当烦琐，甚至用高中数学知识无法求解。那么我们可以另辟蹊径，比如对某些物理量赋以特殊值再进行推理求解，或许能柳暗花明，找到解题方法。

【例题分析】如图所示，一个不可伸长的轻质细绳跨过定滑轮后，两端分别悬挂质量 m_1 和 m_2 的物体 A 和 B，若滑轮有一定大小，质量为 m 且分布均匀，滑轮转动时与绳子之间无相对滑动，不计滑轮与轴之间的摩擦。设细绳对 A 和 B 的拉力大小分别是 T_1 和 T_2，已知下列四个关于 T_1 的表达式中有一个是正确的。请你根据所学的物理知识，通过一定的分析，判断正确的表达式是（　　）。

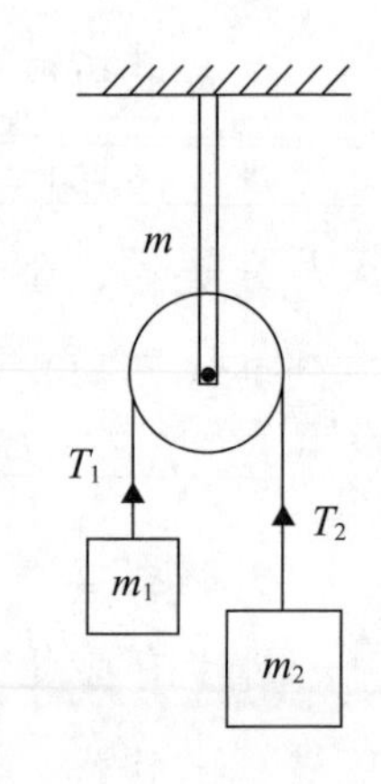

A. $T_1=\dfrac{(m+2m_2)m_1g}{m+2(m_1+m_2)}$　　B. $T_1=\dfrac{(m+2m_1)m_2g}{m+4(m_1+m_2)}$

C. $T_1=\dfrac{(m+4m_2)m_1g}{m+2(m_1+m_2)}$　　D. $T_1=\dfrac{(m+4m_1)m_2g}{m+4(m_1+m_2)}$

【错误思路】有的同学会按照计算大题的模式去分析这道题目，时间花费长，容易出错。

【正确解析】本题中的滑轮不是轻滑轮，若是要定量计算的话会涉及滑轮的转动惯量、转动定律等高等物理概念，虽然由此定量计算更为严谨，但这道高考题命题的本意肯定不是考查物理的知识，而是考查我们运用特殊方法进行推理的能力。

方法一：本题可以设滑轮质量 $m=0$，且满足 $m_2 > m_1$，则此问题就变成了我们熟悉的已知系统外力求内力的问题。

对系统有 $a=\dfrac{(m_2-m_1)g}{(m_2+m_1)}$　　①

对 A 有 $T_1-m_1g=m_1a$　　②

由①②有 $T_1=\dfrac{2m_1m_2g}{m_1+m_2}$。

代入四个选项只有 C 符合，故选 C。

方法二：也可以设 $m_2=m_1$，则 A、B 及滑轮系统均处于平衡状态，故 $T_1=m_1g$，令 A、B、C、D 四个选项中的 $m_2=m_1$，也只有 C 选项可以简化为 $T_1=m_1g$，其他选项不符合，故选 C。

【点睛之笔】这类题型考查的并不是我们所学的物理知识分析和运算能力，而是特殊化方法的运用。如果我们纠缠于滑轮计算质量后带来的转动问题，就会彻底陷入死胡同。

【技巧总结】在选择题中我们遇到可以赋以特殊值的物理量有很多，比如速度、加速度、力、电阻等，通过特殊值的选取有时可以判断物理量的变化趋势和变化范围，有时可以讨论问题的可能性，有时也可以对结果直接作出评估。

总之，在解选择题时对于一些特别的问题选择特殊值法可以帮助我们更顺利、更高效地解决问题，得到答案。

10.7 运动对照活用参数系

在解物理题时，习惯上选择地面为参考系，但有时有些题目中如果选择其他参考系，就可以使解题过程大大简化。

【例题分析】涡流制动是磁悬浮列车在高速运行时进行制动的一种方式，某研究所用制动的车和轨道模型来定量模拟磁悬浮列车的涡流制动过程。如图所示，模型车的车厢下端安装有电磁铁系统，电磁铁系统能在其下方的水平轨道（间距为 L_1）中的长为 L_1，宽为 L_2 的矩形区域内产生匀强磁场，该磁场的磁感应强度大小为 B，方向竖直向下。将长大于 L_1，宽为 L_2 的单匝矩形线圈等间隔铺设在轨道中央，其间隔也为 L_2。每个线圈的电阻为 R，导线粗细忽略不计。在某次试验中，启动电磁铁系统开始制动后，电磁铁系统刚好完整滑过了 n 个线圈。已知模型车的总质量为 m，空气阻力不计。求：

（1）在电磁铁系统的磁场全部进入任意一个线圈的过程中，通过线圈的电荷量 q；

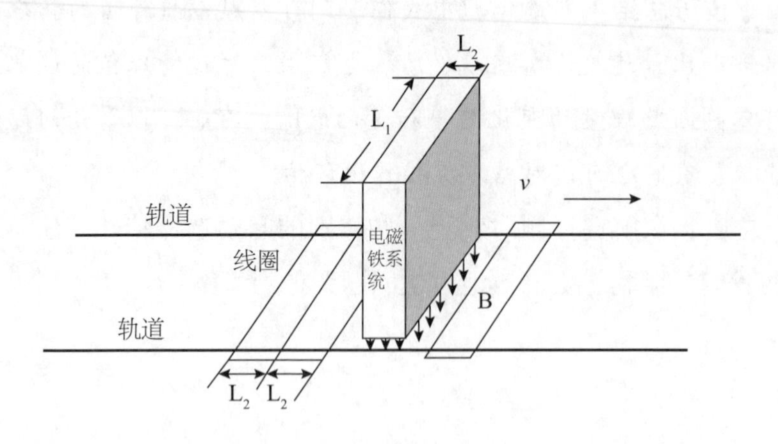

（2）在刹车过程中，线圈所产生的总热量 Q；

（3）电磁铁系统刚进入第 k（$k<n$）个线圈时，线圈中电功率 P。

【错误思路】参考系选择地面，在计算过程中无法清晰厘清运动规律，计算出错。

【正确解析】传统题目都是磁场静止，线圈在切割磁感线，我们通常选择地面为参考系来研究线圈的运动情况。这一题线圈静止、磁场在运动中，并不常见。我们分析时可以选择磁场为参考系，线圈相对于磁场，在向左切割磁感线。如果能这样想，就可以使复杂的物理模型简化，达到"柳暗花明又一村"的效果。

（1）$q=\dfrac{BL_1L_2}{R}$

（2）选择磁场为参考系，线圈的两根导体棒向左在交替进入磁场切割磁感线，以其中一个线圈为研究对象。

$2BIL_1=m\dfrac{\Delta v}{\Delta t}$，$2B\Delta qL_1=m\Delta v$。

$2BIL_1\sum\Delta q=m\sum\Delta v$。$2BL_1=\dfrac{nBL_1L_2}{R}=mv_0$，$v_0=\dfrac{2nB^2L_1^4L_2}{mR}$

$Q=\dfrac{1}{2}mv_0^2=\dfrac{2n^2B^4L_1^4L_2^2}{mR^2}$

（3）先求（$k-1$）个线圈切割磁感线后的速度：

$2BL_1\dfrac{(k-1)BL_1L_2}{R}=m(v_0-v)$

$P=\dfrac{(BL_1L_2)^2}{R}=\dfrac{4(n-k+1)^2B^6L_1^6L_2^2}{m^2R^3}$。

【技巧总结】我们需要意识到在学习中思维定式的坏处，拿到题目想的不是自己去分析，而是去"翻笔记"，去"套公式"。如果只是自己觉得像就不管三七二十一地先拿来用，这是不利于做题准确性的。如果我们能稍微动下脑筋，变一种参考系就事半功倍了。

10.8 图像表征物理意义

图像法是根据题意把抽象复杂的物理过程有针对性地表示成物理图像，将物理量间的代数关系转变为几何关系，运用图像直观、形象、简明的特点，来分析解决物理问题，由此达到化难为易、化繁为简的目的。

高中物理学习中涉及大量的图像问题，运用图像解题是一种重要的解题方法。在运用图像解题的过程中，如果能分析有关图像所表达的物理意义，抓住图像的斜率、截距、交点、面积、临界点等几个要点，常常就可以方便、简明、快捷地解题。

【例题分析】 部队集合后开始沿直线前进，已知部队前进的速度与到出发点的距离成反比，当部队行进到距出发点距离为 d_1 的 A 位置时速度为 V_1，求

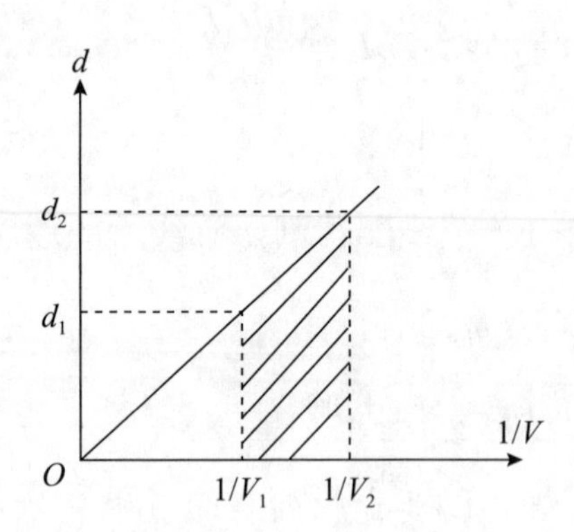

（1）部队行进到距出发点距离为 d_2 的 B 位置时速度为 V_2 是多大?

（2）部队从 A 位置到 B 位置所用的时间 t 为多大?

【错误思路】 识图绘图能力不足，对于图形上特殊点和线、

面积的意义认识不清。

【正确解析】（1）已知部队前进的速度与到出发点的距离成反比，即有公式 $V=k/d$（d 为部队距出发点的距离，V 为部队在此位置的瞬时速度），根据题意有 $V_1=k/d_1$　$V_2=k/d_2$

因为 $V_2=d_1V_1/d_2$

（2）部队行进的速度 V 与到出发点的距离 d 满足关系式 $d=k/V$，即 d–V 图像是一条过原点的倾斜直线，由题意已知，部队从 A 位置到 B 位置所用的时间 t 即为图中斜线图形（直角梯形）的面积。由数学知识可知 $t=(d_1+d_2)(1/V_2-1/V_1)/2$

因为 $t=(d_2^2-d_1^2)/2d_1V_1$

【点睛之笔】（1）此题中部队行进时速度的变化既不是匀速运动，也不是匀变速运动，很难直接用运动学规律进行求解，而应用图像求解则使问题得到简化。

（2）我们可用类比的方法来确定图像与横轴所围面积的物理意义。v–t 图像中，图线与横轴围成图形的面积表示物体在该段时间内发生的位移（有公式 $S=vt$，S 与 vt 的单位均为 m）；F—S 图像中，图线与横轴围成图形的面积表示 F 在该段位移 S 对物体所做的功（有公式 $W=FS$，W 与 FS 的单位均为 J）。而上述图像中 $t=d\times1/V$（t 与 $d\times1/V$ 的单位均为 s），所以可判断出该图线与横轴围成图形的面积表示部队从出发点到此位置所用的时间。

【技巧总结】

➢ 把握图像斜率的物理意义

在 v–t 图像中斜率表示物体运动的加速度，在 s–t 图像中斜率表示物体运动的速度，在 U—I 图像中斜率表示电学元件的电阻，不同的物理图像斜率的物理意义不同。

➢ 抓住截距的隐含条件

➢ 图像中图线与纵、横轴的截距是另一个值得关注的地方，常常是题目中的隐含条件。

➢ 挖掘交点的潜在含义

一般物理图像的交点都有潜在的物理含义，解题中往往又是一个重要的条件，需要我们多加关注。例如，两个物体的位移图像的交点表示两个物体“相遇”。

➢ 明确面积的物理意义

利用图像的面积所代表的物理意义解题，往往带有一定的综合性，常和斜率的物理意义结合起来，其中 v—t 图像中图线下的面积代表质点运动的位移是最基本也是运用得最多的。

➢ 寻找图中的临界条件

物理问题常涉及许多临界状态，其临界条件常反映在图中，寻找图中的临界条件，可以使物理情景变得清晰。

➢ 把握图像的物理意义

10.9 巧用物理规律，定位思路

高中物理中很多现象都是有规律可循的，如果我们在解题过程中能遵循物理规律来解题，可以很快找到解题思路，并快速解题。以下两个案例就是碰撞规律和阻碍规律的使用方法。

【例题分析】 在电场强度为 E 的匀强电场中，有一条与电场线平行的几何线，如图虚线所示。几何线上有两个可视为质点的静止小球 A 和 B，两小球的质量均为 m，A 球带电量 $+Q$，B 球不带电。开始时两球相距 L，释放 A 球，A 球在电场力的作用下沿直线运动，并与 B 发生正碰，碰撞中 A、B 两球的总动能无损失。设在每次碰撞中，A、B 两球间无电量转换，且不考虑重力及两球间的万有引力。求

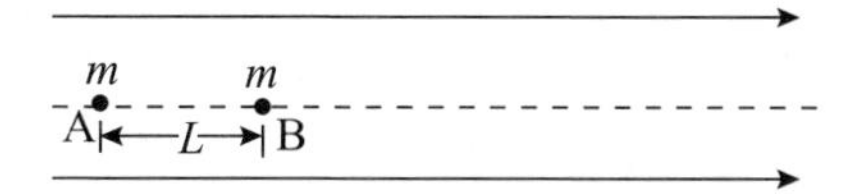

（1）A 球经多长时间与 B 球发生第一次碰撞？

（2）第二次碰撞前，A、B 两球的速率各为多少？

（3）从开始到第三次相碰，电场力对 A 球所做的功。

【错误思路】对于物理规律理解和运用不熟悉，在题设中无法抓住隐藏其中的碰撞规律。

【正确解析】（1）设 A 经时间 t 与 B 球第一次碰撞，根据运动学规律有 $L=at^2/2$

A 球只受电场力，根据牛顿第二定律有 $QE=ma$

因为 $t=\sqrt{\dfrac{2mL}{QE}}$

（2）设第一次碰前 A 球的速度为 V_A，根据运动学规律有 $V_A{}^2=2aL$

碰后 B 球以速度 V_A 作匀速运动，而 A 球做初速度为零的匀加速运动，设两者再次相碰前 A 球速度为 V_{A1}，B 球速度为 V_B，则满足关系式 $V_B=V_{A1}/2=V_A$

因为 $V_A=V_B\sqrt{\dfrac{2QEL}{m}}$　　因为 $V_{A1}=2V_A=2\sqrt{\dfrac{2QEL}{m}}$

（3）第二次碰后，A 球以初速度 V_B 作匀加速运动，B 球

以速度 V_{A1} 作匀速运动，直到两者第三次相碰。设两者第三次相碰前 A 球速度为 V_{A2}，B 球速度为 V_{B1}，则满足关系式 $V_{B1}=V_{A1}=(V_B+V_{A2})/2$

因为 $V_{B1}=2V_A$；$V_{A2}=3V_A$

第一次碰前 A 球走过的距离为 L，根据运动学公式 $V_A^2=2aL$

设第二次碰前 A 球走过的距离为 S_1，根据运动学公式 $V_{A1}^2=2aS_1$

因为 $S_1=4L$

设第三次碰前 A 球走过的距离为 S_2，有关系式 $V_{A2}^2-V_{A1}^2=2aS_2$

因为 $S_2=8L$

即从开始到第三次相碰，A 球走过的路程为 $S=13L$

此过程中电场力对 A 球所做的功为 $W=QES=13QEL$

【点睛之笔】 利用质量相等的两物体碰撞的规律我们可很容易判断出各球发生相互作用前后的运动规律，开始时 B 球静止，A 球在电场力作用下向右作匀加速直线运动，当运动距离 L 时与 B 球发生相碰。两者相碰过程是弹性碰撞，碰后两球速度互换，B 球以某一初速度向右作匀速直线运动，A 球向右作初速度为零的匀加速运动。当 A 追上 B 时两者第二次发生碰撞，碰后两者仍交换速度，以此类推。

【例题分析】 如图所示，小灯泡正常发光，现将一与螺线管等长的软铁棒沿管的轴线迅速插入螺线管内，小灯泡的亮度如何变化。（　　）

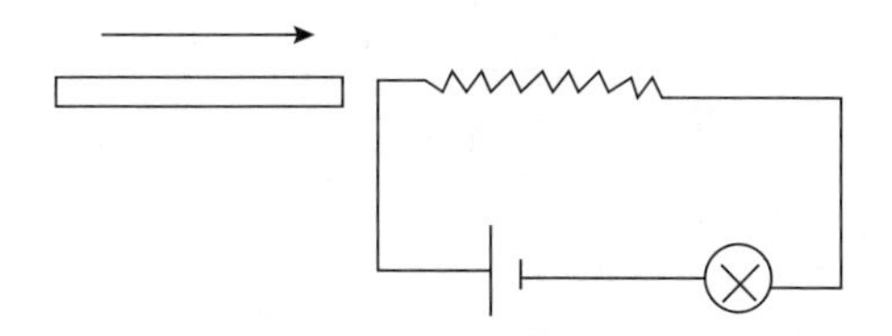

A. 不变　　　B. 变亮　　　C. 变暗　　　D. 不能确定

【错误思路】对磁场中的阻碍规律认识不清，判断错误。

【正确解析】将软铁棒插入过程中，线圈中的磁通量增大，感应电流的效果要阻碍磁通量的增大，感应电流的方向与线圈中原电流方向相反，以阻碍磁通量的增大，所以小灯泡变暗，C选项正确。

【思维提升】楞次定律“效果阻碍原因”有以下几种常见形式。

（1）就磁通量而言：感应电流的磁场总是阻碍引起感应电流的磁通量（原磁通量）的变化，即当原磁通量增加时，感应电流的磁场方向与原磁场方向相反；当原磁通量减少时，感应电流的磁场方向与原磁场方向相同。简称口诀“增反减同”。

（2）就相对运动而言：感应电流的效果阻碍所有的相对运动，简称口诀“来拒去留”，从运动效果上看，也可形象地表述为“敌进我退，敌逃我追”。

（3）就闭合电路的面积而言：致使电路的面积有收缩或扩张的趋势，收缩或扩张是为了阻碍电路磁通量的变化。若穿过闭合电路的磁感线都为同一方向，则磁通量增大时，面积有收缩趋势；磁通量减少时，面积有扩张趋势。简称口诀“增缩减扩”。若穿过回路的磁感线有两个相反的方向，则以上结论不一定成立，应根据实际情况灵活应用，总之要阻碍磁通量的变化。

（4）就电流而言：感应电流阻碍原电流的变化，即原电流增大时，感应电流与原电流反向；原电流减小时，感应电流与原电流同向。简称口诀“增反减同”。

【技巧总结】若要提高解题速度，我们就要重视各个物理内容、以上方法规律和解题技巧的结合。比如关于力学方面的知识可以总结的规律是“牛顿定律很重要，运动和力它是桥。平衡匀加两题型，横竖斜面三环境。重力弹力摩擦力，千万别忘电磁场。整体隔离灵活用，内力外力要分清”。

10.10 割补结合，快速图解

“割补”是将研究对象以及有关的物理量、物理过程等通过宏观分割或者填补使非理想模型变为理想模型，使复杂结构变为单一结构，从而达到化难为易、化繁为简的目的。割补法在高中物理中有比较广泛的应用，高考中也频繁出现。

【例题分析】有一半径为 R 的均质大球，质量为 M，球心为 O，另有一质量为 m 的小球，球心为 O'，O、O' 之间距离为 L（$L>R$），现在大球中挖去两个半径都为 $R/2$ 的小球，如图所示，被挖去两小球的球心连线过 O 点，且垂直于 OO'，求大球剩余部分对 m 万有引力。

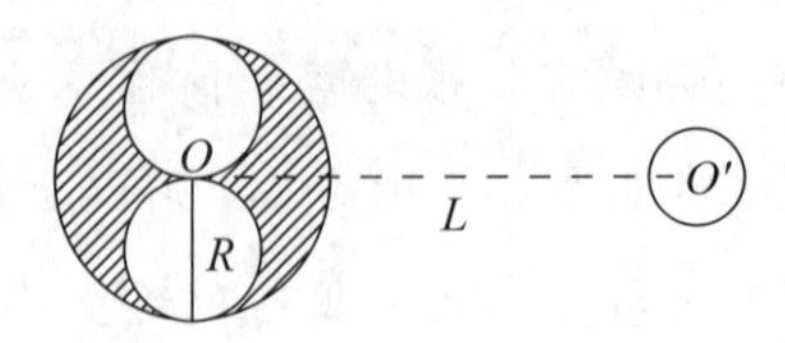

【错误思路】在图形中对于“割”“补”理念不清晰，所以

没有割补的意识，无法快速找到解题思路。

【正确解析】运用割补法求解。先将两个小球补入，求得整个大球的引力，再求两个小球在水平方向的引力，两者之差即为所求的引力。

整个球的引力 $F=G\dfrac{Mm}{L^2}$　　小球的引力 $f=G\dfrac{Mm/8}{L^2+(R/2)^2}$

又 $\cos\alpha=\dfrac{L}{\sqrt{L^2+(R/2)^2}}$　　剩余部分对 m 的引力 $F'=F-2f\cos\alpha$

由上述方程解得结果：$F=G\dfrac{Mm}{L^2}-G\dfrac{MmL}{4\sqrt{(L^2+R^2/4)^3}}$

【技巧总结】运用割补法在计算浮力、合力、万有引力等方面都可以帮助我们找到快速求解的思路。我们采用割补思想时要灵活处理“割”“补”的关系，降低运算的复杂性，提高解题效率。

10.11　微元分析，解题“放大镜”

微元法能抓住物体变化这一本质特征，通过限制变化所需的时间或者空间来把变化的事物或变化的过程转化为不变的事物或者不变的过程，也就是通常提到的“化变为恒”。这种思想来源在物理教材，我们要从教材出发再运用到实际题目中。

微元法是从局部入手再放在整体中综合分析的思维方法，首先将研究对象分割为无数个无限小的部分，主要分析处理其中具有代表性的部分之一，也就是以小见大的思维，经过总结概括可分为以下几个步骤：确定研究对象，选取微元；运用规律表达微元的过程；实施叠加求解全过程。

【例题分析】如图 a 所示，某个力 F=10N 作用于半径 R=1m 的转盘的边缘上，力 F 的大小保持不变，但方向保持任何时刻均与作用点的切线一致，则转动一周，这个力 F 做的总功为多少？

【错误思路】没有微元分析的思路，在计算时模棱两可，无法确定推理方案。

【正确解析】由于力 F 的方向与作用点的速度方向一致，因此力 F 做功不为零，且此力不为恒力。可以考虑把圆周划分为很多“微元”来研究。如图 b 所示。当各小段的弧长 Δs 足够小（$\Delta s \to 0$ 时，在这 Δs 内 F 的方向几乎与该小段的位移重合，则 F 做的总功为

$$W=F\Delta s_1+F\Delta s_2+\cdots=F\cdot 2\pi R=20\pi(J)$$

这等效于将本是曲线的圆周拉直。在这里，力 F 所做的功相当于力和物体运动路程的乘积。

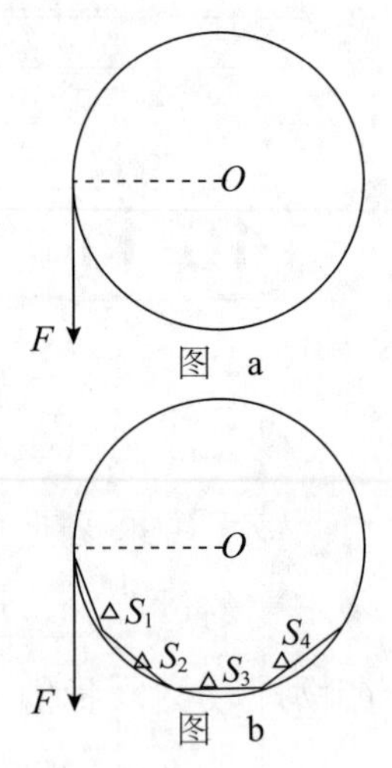

图 a

图 b

【技巧总结】微元法的具体应用于以下几个方面。

➢ 质量元 Δm

一旦我们遇到质量元的时候规律都是相同的，应该遵循其解题方法即将其分解为无数个微小的质量元，选择其中之一作为研究对象，然后根据基本步骤得出表达式从而使问题迎刃而解。

➢ 时间元 Δt

物理问题经常涉及时间这一条件，当我们发现除了时间其他的都是变量时如果不用微元法题目很难解决，常规法会有大量的运算并且还很容易出错，所以针对 Δt 的微元法是必须掌握的解决方法。

微元法是高中物理学习中的一个难点，正因为难所以一般是考试中的拔高题，同时大多出现在物理竞赛中，所以我们要提高能力需要掌握好这种方法。

高考解题中遇到类似的题型采用其他方法可能也能得到最终的答案，但是微元法会让解题更便捷，效率更高。

10.12 几何关系，画出新角度

数学和物理的关系是息息相关的，数学上的几何关系在物理中有非常重要的作用，尤其是图解过程更要利用几何算法来确定。

【例题分析】 如图所示，在真空区域内，有宽度为 L 的匀强磁场，磁感应强度为 B，磁场方向垂直纸面向里，MN、PQ 是磁场的边界。质量为 m，带电量为 $-q$ 的粒子，先后两次沿着与 MN 夹角为 θ（$0<\theta<90°$）的方向垂直磁感线射入匀强磁场 B 中，第一次，粒子是经电压 U_1 加速后射入磁场，粒子刚好没能从 PQ 边界射出磁场。第二次粒子是经电压 U_2 加速后射入磁场，粒子则刚好垂直 PQ 射出磁场。不计重力的影响，粒子加速前速度认为是零，求：

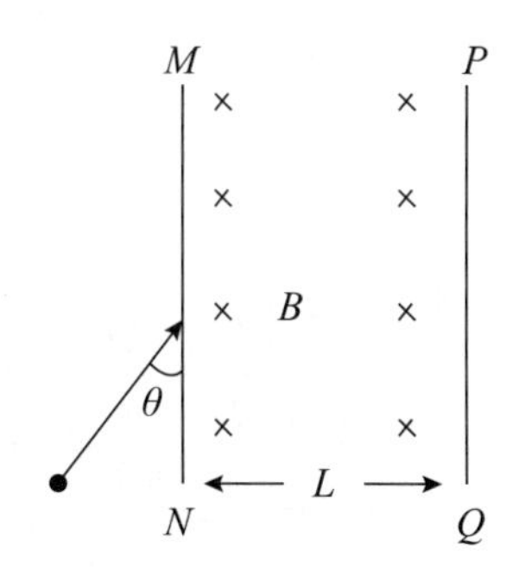

（1）为使粒子经电压 U_2 加速射入磁场后沿直线运动，直至射出 PQ 边界，可在磁场区域加一匀强电场，求该电场的场强大小和方向。

（2）加速电压 U_1/U_2 的值。

【错误思路】在物理问题中不会灵活运用数学知识，错过题设中或者图形中暗藏的数学几何条件，造成计算中的不顺畅。

【正确解析】（1）如图 a 所示，经电压 U_2 加速后以速度 v_2 射入磁场，粒子刚好垂直 PQ 射出磁场，根据几何关系可确定粒子在磁场中做匀速圆周运动的圆心在 PQ 边界线的 O 点，半径 R_2 与磁场宽 L 的关系式为

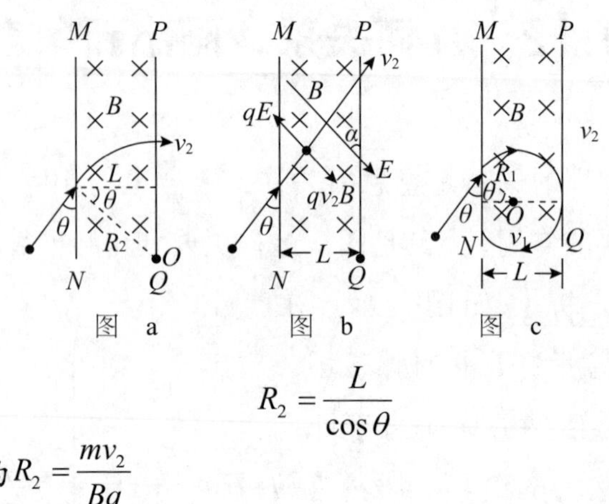

图 a　　图 b　　图 c

$$R_2=\frac{L}{\cos\theta}$$

又因为$R_2=\dfrac{mv_2}{Bq}$

所以 $v_2=\dfrac{BqL}{m\cos\theta}$

加匀强电场后，粒子在磁场中沿直线运动射出 PQ 边界的条件为 $Eq=Bqv_2$，电场力的方向与磁场力的方向相反。

所以 $E=\dfrac{B^2qL}{m\cos\theta}$，方向垂直磁场方向斜向右下，与磁场边界夹角为$\alpha=\dfrac{\pi}{2}-\theta$，如图 b 所示。

（2）经电压 U_1 加速后粒子射入磁场后刚好不能从 PQ 边界射出磁场，表明在磁场中做匀速圆周运动的轨迹与 PQ 边界相切，要确定粒子做匀速圆周运动的圆心 O 的位置，如图 c 所示，圆半径 R_1 与 L 的关系式为 $L=R_1+R_1\cos\theta$，$R_1=\dfrac{L}{1+\cos\theta}$

又 $R_1=\dfrac{mv_1}{Bq}$

所以 $v_1=\dfrac{BqL}{m(1+\cos\theta)}$

根据动能定理有$U_1q=\dfrac{1}{2}mv_1^2, U_2q=\dfrac{1}{2}mv_2^2$，

所以$\dfrac{U_1}{U_2}\dfrac{v_1^2}{v_2^2}=\dfrac{\cos^2\theta}{(1+\cos\theta)^2}$

【点睛之笔】解决带电粒子在匀强磁场中匀速圆周运动问题，关键是确定圆心的位置，正确画出粒子运动的草图，利用几何关系结合运动规律求解。

【技巧总结】高考物理题型中有很多几何关系，如果能正确处理这些关系会带来一些新角度，也是解题的突破口。

（1）光在真空中或者均匀介质中沿直线传播，在不均匀介质中沿曲线传播，直线传播和曲线传播给观察者带来不同视觉效果。

（2）物体作直线运动，其各段时间内的位移和流程可从直线线段长度关系中求得。

（3）物理学中矢量的分解和合成借用的是直角三角形的边角关系。

（4）三角形的全等关系在推导物理规律及求解物理量中也经常应用。

（5）几何体（球体、柱体、锥体、台体等）体积与面积、高度（或半径）的关系，也常是得出物理规律或者计算物理量的台阶。

（6）物体作圆周运动（天体运动、电子绕核运动，带电粒子在磁场中的运动）要涉及圆心角、圆周角、弦切角、半径、弦、弧长之间的关系。

10.13　整体隔离，两者并用

选择研究对象是解决物理问题的首要环节。在很多物理问题中，研究对象的选择方案是多样的，研究对象的选取方法不同会影响求解的繁简程度。合理选择研究对象会使问题简化，反之，会使问题复杂化，甚至使问题无法解决。隔离法与整体法都是物理解题的基本方法。

隔离法就是将研究对象从其周围的环境中隔离出来单独进行研究，这个研究对象可以是一个物体，也可以是物体的一个部分，广义的隔离法还包括将一个物理过程从其全过程中隔离出来。

整体法是将几个物体看作一个整体，或将看上去具有明显不同性质和特点的几个物理过程作为一个整体过程来处理。

隔离法和整体法看上去相互对立，但两者在本质上是统一的，因为将几个物体看作一个整体之后，还是要将它们与周围的环境隔离开来的。

【例题分析】如图所示，人重 G_1=600N，木板重 G_2=400N，人与木板、木板与地面间滑动摩擦因数均为 μ=0.2，现在人用水平力 F 拉绳，使他们木板一起向右匀速动动，则（　　）。

A. 人拉绳的力是 200N　　　B. 人的脚给木板的摩擦力向右

C. 人拉绳的力是 100N　　　D. 人的脚给木板的摩擦力向左

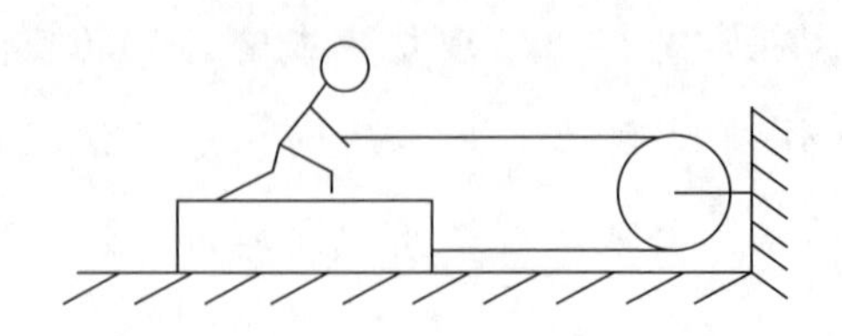

【答案】BC

【错误思路】一直以人、木板作为单独研究对象受力分析，分析条件不够。

【正确解析】求解人与板间的摩擦力方向，属求内力，须用隔离法，研究对象可选人，也可以选板，到底选哪个更简单呢？当然选人要简单些，因为人受力个数少，以人为研究对象，人在水平方向上只受绳的拉力（水平向右）和板对人的摩擦力两个力作用，属二力平衡，故板对人的摩擦力向左，由牛顿第三定律可知，人的脚给木板的摩擦力向右，B、D 两个选项中 B 选项正确。

绳的拉力属外力，可用整体法来求解，人与板相对地向右运动，滑动摩擦力水平向左，而其大小为 $f=\mu N=\mu(G_1+G_2)=0.2\times(600+400)=200\text{N}$；人与板系统水平向右受到两个拉力，故由平衡条件可得：$2T=f$，故 $T=100\text{N}$，C 选项正确。

【例题分析】有一电源，其内电阻甚大，但不知其具体数值。有两只电压表 V_A 和 V_B，已知此两表的量程均大于上述电源的电动势，但不知此两电压表的内电阻的大小。要求只用这两只电压表和若干导线、开关组成电路，测出此电源的电动势，试说明你的办法。

【正确解析】测量办法如下：设两电压表的内电阻分别为 R_A 和 R_B，电源内电阻为 r，电动势为 ε，将两电压表串联以后接于电源两极之间组成如图 a 所示的电路，记下此时两表的读数 U_A 和 U_B，则

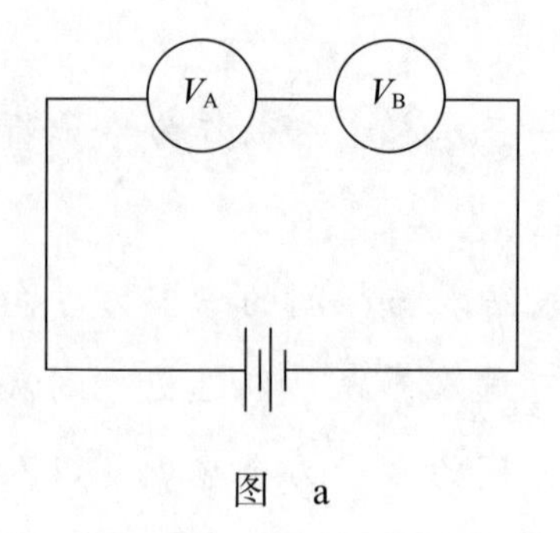

图 a

$$\varepsilon=U_A+U_B+Ir \qquad ①$$

由于此时电路中的电流大小为

$$I=\frac{U_A}{R_A}=\frac{U_B}{R_B} \qquad 故有\ \varepsilon=U_A+U_B+\frac{r}{R_A}U_A \qquad ②$$

再将电压表 V_A 单独接于电源两极之间，如图 b 所示。记下此时电压表的示数，令其为 U'_A，则有 $\varepsilon=U'_A+I'r$ ③

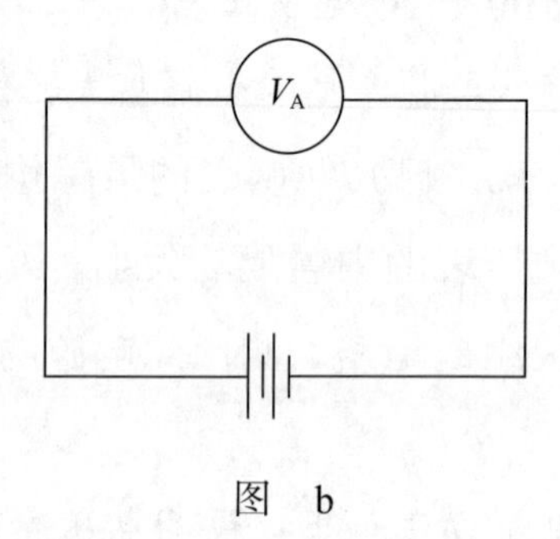

图 b

同上有$\varepsilon=U'_A+\frac{r}{R_A}U'_A$ ④

联立②④两式，将$\frac{r}{R_A}$视为一个未知数消去，即可解得$\varepsilon=\frac{U'_AU_B}{U'_A-U_A}$，将实验中测得的 U_A、U_B、U'_A 代入上式，便可解得此电源电动势之值。

【**点睛之笔**】在解题时，有时根据物理规律列出方程后，出现方程个数少于未知量个数的情况，这便成了不定方程而无法得到确定的解，在这种情况中，如果方程中的几个不是所要求的未知量，在各个方程中以相同的形式出现时，便可把这几个未知量组合当作一个整体量来看待，从而使方程中的未知量减少而把不定方程转化为有确定解的方程。例如本题以上的解答中，如仅能列出方程①和③，则此两方程中有 ε、I、I'、r 四个未知量，可以说此时还是在“山重水复疑无路”的境界，而如果能利用 $I=\frac{U_A}{R_A}$ 这一转化关系将方程①和③变形为②和④，则到达“柳岸花明又一村”之处已是确定无疑的了。

【技巧总结】整体法和隔离法两种方法广泛地应用在受力分析、动量定理、动量守恒、动能定理、机械能守恒等问题中。

对于连接体问题，通常用隔离法，但有时也可采用整体法。如果能够运用整体法，我们应该优先采用整体法，这样涉及的研究对象少，未知量少，方程少，求解简便；不计物体间相互作用的内力，或物体系内的物体的运动状态相同，一般首先考虑整体法。对于大多数动力学问题，单纯采用整体法并不一定能解决，通常采用整体法与隔离法相结合的方法。

10.14 实验操作步骤，隐藏答案

高考物理试题中注重物理实验的考查，体现了试题具有鲜明的学科特征。我们需要看到试题之后就能对实验操作有思路，并能针对各项仪器的使用了然于心。高中物理试题考查范围广泛，已跳出了考试大纲“知识内容表”中所列实验的范围，出现了迁

移类实验与创新型实验。针对一些新的实验内容不要慌张，了解其考查本质之后就能针对原理、方法以及相关的知识领悟实验设计和本质内容。

除此之外我们一定要关注实验题中给出的材料信息，很多时候一些答案都隐藏在其中，只要能“火眼金睛”找到这些关键点就能抓住答案。

高考物理和实际生活联系密切，我们要结合生活常识和平时所学实验知识，提高自己自主实验设计、操作和分析的能力。

【例题分析】某物理小组的同学设计了一个粗测玩具小车通过凹形桥最低点的速度的实验，所用器材有：玩具小车、压力式托盘秤、凹形桥模拟器（圆弧部分的半径为 R=0.20m）。

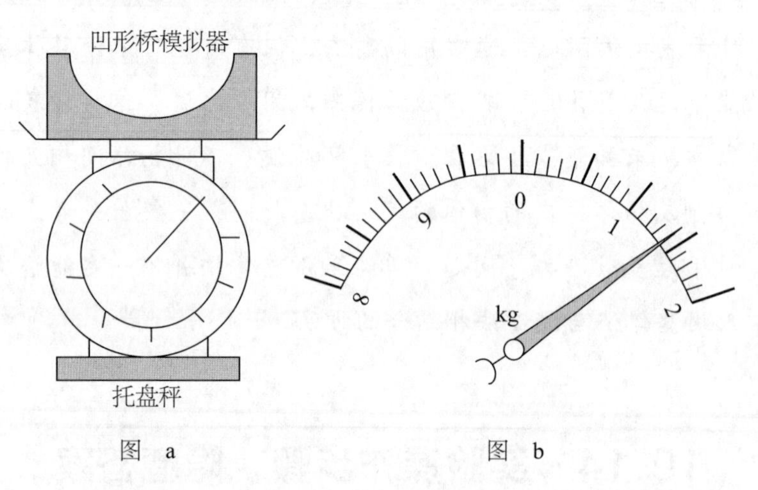

图 a　　图 b

完成下列填空：

（1）将凹形桥模拟器静置于托盘秤上，如图 a 所示，托盘秤的示数为 1.00kg。

（2）将玩具小车放置在凹形桥模拟器最低点时，托盘秤示数如图 b 所示，该示数为______kg。

（3）将小车从凹形桥模拟器某一位置释放，小车经过最低点后滑向另一侧，此过程中托盘秤的最大示数为 m，多次从同一位置释放小车，记录各次的 m 值如下表所示：

序号	1	2	3	4	5
m（kg）	1.80	1.75	1.85	1.75	1.90

（4）根据以上数据，可求出小车经过凹形桥最低点时对桥的压力为是____N，玩具小车通过最低点时的速度大小为____m/s（重力加速度大小取 9.80m/s^2，计算结果保留 2 位有效数字）。

【答案】（2）1.4；（4）7.9，1.4

【错误思路】对于平时实验步骤以及实验用具不熟悉，对实验设计过程没有清晰思路，导致无法回答最简单的填空。

【正确解析】（2）根据秤盘指针可知量程是 10kg，指针所指示数是 1.4kg；（4）记录的托盘示数各次并不相同，而多次测量求平均值可以减少误差，即 $\overline{m}=\dfrac{1.80+1.75+1.85+1.75+1.90}{4}\approx$ 1.81（kg），而模拟器的质量为 1.00kg，所以小车经过凹形桥最低点时小车对桥的压力 $F_N=\overline{m}g-m_{桥}g\approx 7.9(N)$；径向合力提供向心力，由牛顿第二、第三定律和向心力的公式有：$F_N-m_{车}g=m_{车}v^2/R$，$m_{车}$=1.40kg−1.00kg=0.40kg，代入数据得出小车通过最低点的速度是：$v\approx 1.4$m/s。

【技巧总结】（1）实验题一般采用填空题或作图题的形式出现。作为填空题，数值、单位、方向或正负号都应填全面；作为作图题：①对函数图像应注明纵、横轴表示的物理量、单位、标度及坐标原点；②对电学实物图，则电表量程、正负极性，电流表内、外接法，变阻器接法，滑动触头位置都应考虑周全；③对光路图不能漏箭头，要正确使用虚、实线，各种仪器、仪表的读数一定要注意有效数字和单位；④实物连接图一定要先画出电路图（仪器位置要对应）。各种作图及连线要先用铅笔（有利于修改），最后用黑色签字笔涂黑。

（2）常规实验题：主要考查课本实验，几年来考查比较多的是试验器材、原理、步骤、读数、注意问题、数据处理和误差分析，解答常规实验题时，这种题目考得比较细，要在细、实、全上下足功夫。

（3）设计型实验重在考查实验的原理。要求学生能审清题意，明确实验目的，应用迁移能力，联想相关实验原理。一定要强调四性（科学性、安全性、准确性、简便性），如在设计电学实验时，要把安全性放在第一位，同时还要尽可能减小实验的误差，避免出现大量程测量小数值的情况。

第11章

高考化学技巧审题与解题

——巧用实验技能，微观宏观兼得

高中化学是非常重视实验的学科，我们在学习或者解题中都能看到实验融入了很多的题型中，对应的物质性质和特点，或者实验观察结果等信息都是解题的关键点。

高考中选择题面广灵活，体现化学双基，不会要求复杂计算；实验题侧重操作原理，注重知识应用和综合能力；生产流程题是热点题，综合性强，突出知识的应用；有机题是利用信息，分析关系，重点是官能团相互转变关系。

11.1 让式子两端画上等号

守恒法是高考中常考常用的一种解题方法。系统学习守恒法的应用，对提高解题速率和破解高考难题都有很大的帮助。

【例题分析】 将 $CaCl_2$ 和 $CaBr_2$ 的混合物 13.400g 溶于水配成 500.00mL 溶液，再通入过量的 Cl_2，完全反应后将溶液蒸干，得到干燥固体 11.175g。则原配溶液中，$c(Ca^{2+}):c(Cl^-):c(Br^-)$ 为（　　）。

A.3 ∶ 2 ∶ 1　　B.1 ∶ 2 ∶ 3

C.1 ∶ 3 ∶ 2　　D.2 ∶ 3 ∶ 1

【答案】 D

【错误思路】 误用电荷守恒：$n(Ca^{2+})=n(Cl^-)+n(Br^-)$，错选 A。

【正确解析】 此题考查我们对电荷守恒的认识，属化学教学中要求理解的内容。

1 个 Ca^{2+} 所带电荷数为 2，则根据溶液中阳离子所带正电荷总数等于阴离子所带负电荷总数，知原溶液中：

$2n(Ca^{2+})=n(Cl^-)+n(Br^-)$

将各备选项数值代入上式进行检验可知答案。

【技巧总结】 化学上，常用的守恒方法有以下几种。

➢ 电荷守恒

溶液中阳离子所带正电荷总数等于阴离子所带负电荷总数。即阳离子物质的量（或浓度）与其所带电荷数乘积的代数和等于阴离子物质的量（或浓度）与其所带电荷数乘积的代数和。

➢ 电子守恒

化学反应中（或系列化学反应中）氧化剂所得电子总数等于还原剂所失电子总数。

➢ 原子守恒

系列反应中某原子（或原子团）个数（或物质的量）不变。以此为基础可求出与该原子（或原子团）相关联的某些物质的数量（如质量）。

➢ 质量守恒

质量守恒包含两项内容：①质量守恒定律；②化学反应前后某原子（或原子团）的质量不变。

11.2 微观切割，化难为易

晶体结构微观，要确定晶体内指定粒子的数目，需要通过想象来完成，因此显得特别难。切割法是解决这一类问题的方法。

【例题分析】图中直线交点处的圆圈为氯化钠晶体中 Na^+ 或 Cl^- 所处的位置，请将其中代表 Na^+ 的圆圈涂黑，以完成氯化钠晶体结构示意图，图中每个 Na^+ 周围与它最接近且距离相等的 Na^+ 共有________个。

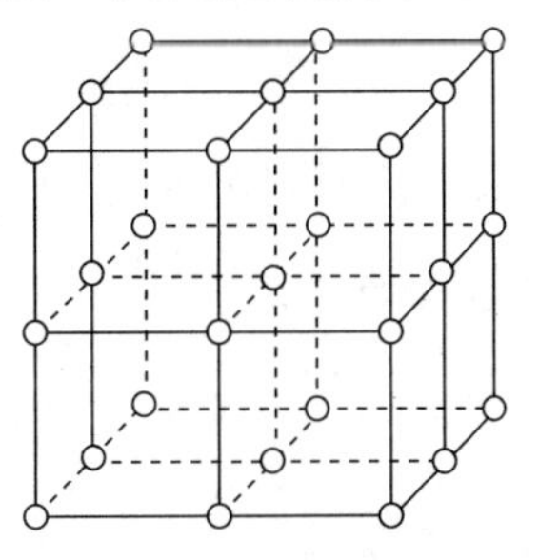

【答案】12

【错误思路】不清楚 NaCl 晶体中 Na^+、Cl^- 个数比为 1 ∶ 1，不知道 NaCl 晶体中 Na^+ 和 Cl^- 交替出现，从而不能准确将代表 Na^+ 的圆圈涂黑；甚至有人面对众多圆圈，觉得无从下手。没有准确的开始，必然导致错误的结果。

【正确解析】本题主要考查我们对图形的观察能力和三维空间想象能力。

NaCl 晶体是由 Na^+ 和 Cl^- 互相结合在一起而堆积形成的，因为同性相斥，异性相吸，阴、阳离子肯定是交替出现的。题中所给出的晶体的 9 个平面，每个平面的中心是 1 个离子，其上、下、前、后、左、右共有 6 个与之相反电荷的离子，平面的 4 个角上则是 4 个与之相同电荷的离子。按照这种认识，只要将题示图中任何一个圆圈涂黑（即认为它是 Na^+），然后再将与之相间隔的一个圆圈涂黑，就得到了 NaCl 晶体示意图。

但是，这样的涂黑，会得到两种不同的图形：一种处于立方体中心的是 Na^+，另一种则是处于立方体中心的是 Cl^-。

如果得到前一种图形，对这两个问题的回答将比较方便；如果得到后一种图形，回答第二个问题时将会困难一些。为方便观察，首先应该把处于立方体中心的那个圆圈涂黑，让它表示 Na^+。

居于立方体中心的 Na^+，实际上共有 3 个平面通过。这样一来，我们可对该图形沿 x—平面、y—平面、z—平面分别进行切割，得到如下三个平面：

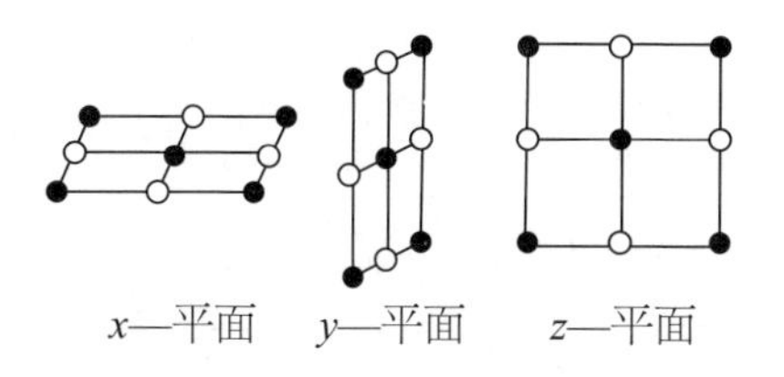

从上图中可以清楚地看出，在通过中心 Na^+ 的 3 个平面内，每个平面都有 4 个 Na^+ 居于平面的 4 个角上（也即 4 个顶点上），这 4 个 Na^+ 与中心 Na^+ 距离最近且距离相等，符合题目要求。因此，在 NaCl 晶体中，每个 Na^+ 周围与它最接近且距离相等的 Na^+ 数目是 12 个。

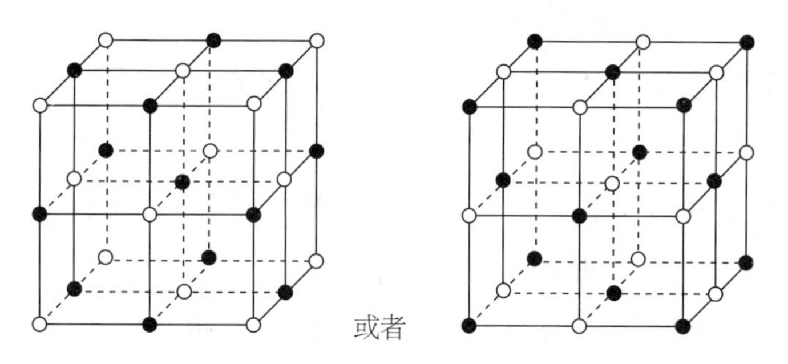

【技巧总结】使用切割法的关键是选择合适的切入点，得到理想的切割面，而非乱切一气。

使用切割法的目的是将抽象、复杂的三维图形切割成形象、简单的平面图形，使通过想象难以完成的作业变得形象、具体，化难为易。

11.3 数量要求，差量和量

利用化学反应前后物质间所出现象的差量关系解决化学问题

的方法就是差量法。

与差量法相反，为解决问题方便，有时需要将多个反应物（或生成物）合在一起进行计算，即和量法。

【例题分析】在天平左右两盘上各放一只同等规格的烧杯，烧杯内均盛有 1.00 mol· L^{-1} 的 H_2SO_4（aq）100.0 mL，调节天平使其处于平衡状态，然后向两只烧杯内分别放入少量镁粉和过量铝粉（设镁、铝的质量分别为 ag 和 bg），假定反应后天平仍处于平衡状态，则：

（1）a、b 应满足的关系式为________________；

（2）a、b 的取值范围为___________________。

【答案】（1）$11a=12b-2.40$；（2）$1.75 < a < 2.40$，$1.80 < b < 2.40$

【错误思路】应用过量物质的数据进行计算得出错误的结果，忽视有效计算，得出不确切的答案。

【正确解析】本题考查我们应用差量进行过量计算的能力。

反应前后天平都平衡，表明两烧杯内质量净增数值相等。则可根据反应前后的质量差进行计算。

n（H_2SO_4）$=1.00\ mol \cdot L^{-1} \times 0.100L=0.100mol$

$Mg+H_2SO_4 = MgSO_4 + H_2\uparrow$　　　Δm

24g　1mol　　　　　　2 g　　　22 g

ag　$\frac{a}{24}$ mol　　　　　$\frac{11a}{12}$ mol

$2\ Al + 3\ H_2SO_4 = Al_2(SO_4)_3 + 3\ H_2\uparrow$

54 g　3 mol　　　　　　　6 g

1.80g　0.100 mol　　　　　0.200g

（波纹线上为求出数值，下同）。根据题意：

① $\frac{a}{24} < 0.100$ （H_2SO_4 过量）

② $b > 1.80$ （Al 过量）

③ $b\ \text{g} - 0.200\text{g} = \frac{11a}{12}\ \text{g}$ （净增值相等）

由①③得：$b < 2.40$，结合②可知 b 的范围。

由②③得：$a > 1.75$，结合①可知 a 的范围。

【技巧总结】遇到下列情形，可尝试用差量法解题：

（1）反应前后固体或液体的质量发生变化时；

（2）反应前后气体的压强、密度、物质的量、体积等发生变化时。

遇到以下情形，可尝试用和量法解题：

（1）已知混合物反应前后质量，求混合物所含成分质量分数时；

（2）已知反应前后混合气体的体积，求混合物所含成分体积分数时；

（3）求反应前后气体的压强比、物质的量比或体积比时。

11.4 最低系列原则，定出命名

所谓最低系列原则是：给主链编号从哪一端开始，要以支链位号最小为原则，如果有多个支链时，可从不同端点编号，然后将位号逐位对比，最早出现差别的那位数中，取位号小的那种编号法编号。

【例题分析】下列有机物的命名，正确的是（　　）。

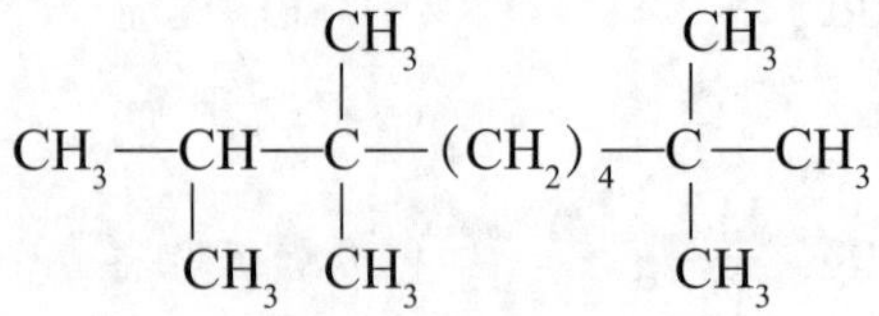

$$CH_3-\underset{\displaystyle CH_3}{\underset{|}{CH}}-\overset{\displaystyle CH_3}{\overset{|}{\underset{\displaystyle CH_3}{\underset{|}{C}}}}-(CH_2)_4-\overset{\displaystyle CH_3}{\overset{|}{\underset{\displaystyle CH_3}{\underset{|}{C}}}}-CH_3$$

A. 2，3，3，8，8–五甲基壬烷

B. 2，2，7，7，8–五甲基壬烷

C. 2，3，3，5，5–五甲基戊烷

D. 2，2，4，4，5–五甲基戊烷

【答案】B

【错误思路】依据早已摒弃的有机命名要遵循的“支链序号之和最小”的原则，而误选 A；不注意 4 个“CH_2”基团的存在，而误选 C 或 D。

【正确解析】本题考查我们判定有机物名称正确与否的能力。

首先确定主链，主链上有 9 个而非 5 个碳原子，C、D 不可选。然后编号，若从左向右编，则支链编号为：2，3，3，8，8；若从右向左编，则支链编号为：2，2，7，7，8。将以上两种编号逐位对比，第一位相同，第二位不同。根据最低系列原则可知，后者是正确的，即所列有机物的名称是：2，2，7，7，8–五甲基壬烷。

【技巧总结】

对于有机物的命名，现在我国执行的是 1980 年公布的新原则，为与国际命名相接轨，抛弃了源于苏联的 1960 年公布的旧原则中的“序号之和最小原则”，代之以为“最低系列原则”。

两种方法比较，序号之和最小原则通过计算才能确定编号的起点和方向，最低系列原则只需进行观察就能确定编号的起点和方向，显然后者更直接、更简捷。

11.5　未知物质，构造结构模型

根据题意，对于不确定的物质先构造出合适的结构模型，借助结构模型解题的方法，可称为构造法。

【例题分析】取 3.40 g 只含羟基、不含其他官能团的液态饱和多元醇，置于 5.00 L O_2 中，经点燃，醇完全燃烧。反应后气体体积减少 0.56 L。将气体经 CaO 吸收，体积又减少 2.80 L（所有体积均在标准状况下测定）。

（1）3.40 g 醇中 C、H、O 物质的量分别为：C______mol、H______mol、O______mol；该醇中 C、H、O 的原子数之比为______。

（2）由以上比值能否确定该醇的分子式______。其原因是______。

（3）如果将该多元醇的任意一个羟基换成一个卤原子，所得到的卤代物都只有一种，试写出该饱和多元醇的结构简式：______。

【答案】（1）0.125，0.300，0.100，5 ∶ 12 ∶ 4；

（2）可以因为该醇最简式中氢原子个数已饱和，所以最简式即分子式为 $C_5H_{12}O_4$；

（3）$C(CH_2OH)_4$

【错误思路】统摄不出该有机物的燃烧规律而无解，不明确

2 个体积数值的含义而错解，不能利用质量守恒而少解。

【正确解析】本题考查我们将具体问题统摄成规律，并应用规律解决问题的能力。

醇完全燃烧，气体体积减小，此醇可构造为：（H_2O）$_x H_y C_z$。

$$(H_2O)_x H_y C_z(l) + \left(z + \frac{y}{4}\right) O_2(g) \rightarrow zCO_2(g) + \left(x + \frac{y}{4}\right) H_2O(l)$$

$$n(C) = n(CO_2) = \frac{2.8L}{22.4L \cdot mol^{-1}} = 0.125\ mol$$

$$m(CO_2) = 0.125\ mol \times 44.0\ g \cdot mol^{-1} = 5.50\ g$$

V（C 元素燃烧耗 O_2）$=V$（CO_2）$=2.80$ L

V（H 元素燃烧耗 O_2）$=0.56$ L

$V_{总}$（O_2）$=2.80\ L+0.56\ L=3.36\ L < 5.00\ L$（$O_2$ 过量）

$$m(O_2) = \frac{3.36L}{22.4L \cdot mol^{-1}} \times 32.0\ g \cdot mol^{-1} = 4.80\ g$$

m（醇）$+m$（O_2）$=m$（CO_2）$+m$（H_2O）

$$m(H_2O) = 3.40\ g + 4.80\ g - 5.50\ g = 2.70\ g$$

n（醇中 H）$=2n$（H_2O）$=2 \times \dfrac{2.70L}{18.0g \cdot mol^{-1}} = 0.300\ mol$

n(醇中O)$=\dfrac{3.40g - 0.125mol \times 12.0g \cdot mol^{-1} - 0.300mol \times 1.00g \cdot mol^{-1}}{16.0g \cdot mol^{-1}} = 0.100\ mol$

（1）该醇中 C、H、O 原子个数比为：N（C）：N（H）：N（O）$=0.125\ mol : 0.300\ mol : 0.100\ mol = 5 : 12 : 4$。

（2）该醇最简式为 $C_5H_{12}O_4$。式中 H 原子已饱和，所以它本身就是醇分子式。

（3）由题意 $C_5H_{12}O_4$ 为四元醇，且羟基所处的位置是等同的，符合要求的只有季戊四醇，即 C（CH_2OH）$_4$。

【**技巧总结**】遇到下列情形之一，可尝试构造法：

➢ 非气态有机物的完全燃烧

有机物$C_mH_nO_w$可变式为（H_2O）$_a$ H_b（CO_2）$_c$ C_d（非气态），常温下该有机物燃烧，“（H_2O）$_a$”和“C_d”不引起气体体积的变化，“H_b”使气体体积减小，“（CO_2）$_c$”使气体体积增大。

➢ 求蛋白质的水解产物个数

构造出单体中含不同数目羧基和氨基的蛋白质，比较其含N、含O的不同，可得答案。

11.6　无数值，考虑“设一”

设一法是赋值法的一种，是解决无数值或缺数值计算的常用方法。

【**例题分析**】吗啡和海洛因都是严格查禁的毒品。

（1）吗啡中含碳0.715 8（质量分数，下同）、氢0.066 7、氮0.049 1，其余为氧。已知其相对分子质量不超过300，试求：

①吗啡的相对分子质量；②吗啡的分子式。

（2）已知海洛因是吗啡的二乙酸酯，试求：

①海洛因的相对分子质量；②海洛因的分子式。

【**答案**】（1）① 285；② $C_{17}H_{19}NO_3$。（2）① 369；② $C_{21}H_{23}NO_5$。

【**错误思路**】不注意有效数字的位数，有效数字取舍不合理，再根据原子个数比列式就会得出错误的结果。

【**正确解析**】本题考查我们根据物质内所含元素质量分数，

确定物质化学式的能力。

（1）由吗啡中各元素的含量和相对分子质量，可以断定吗啡分子中所含 N 原子数最少，设吗啡分子中含有 1 个 N 原子，则：

M_r（吗啡）=14.0/0.049 1=285 < 300 符合题意；

若吗啡分子中含有 2 个 N 原子，则：

M_r（吗啡）=28.0/0.049 1=570 > 300 不符合题意。

吗啡分子中含有 2 个以上的 N 原子更不可能，可见吗啡分子中只含有 1 个 N 原子，且吗啡的相对分子质量为 285。

吗啡分子中所含 C、H、O 原子个数分别为：

N（C）=285×0.715 8÷12.0=17.0

N（H）=285×0.066 7÷1.00=19.0

N（O）=285×（1.000 0−0.715 8−0.066 7−0.049 1）÷16.0=3.00

吗啡的分子式为：$C_{17}H_{19}NO_3$。

（2）生成二乙酸酯的反应可表示为：

$R(OH)_2+2HOOCCH_3 \rightarrow R(OOCCH_3)_2+2H_2O$

显然，海洛因分子比吗啡分子多了 2 个 C_2H_2O 基团，则海洛因的分子式为：

$C_{17}H_{19}NO_3+2C_2H_2O = C_{21}H_{23}NO_5$

海洛因的相对分子质量为：

M_r（海洛因）=12×21+1×23+14×1+16×5=369。

【技巧总结】遇到下列情况，可用设一法：

（1）c、w、ρ 间的相互转化；

（2）根据质量分数确定化学式；

（3）确定样品中杂质的成分。

11.7 混合物求解，先设后算

已知混合物中元素的质量比，确定混合气体的组成有一种巧妙的方法，把握了这种方法就能化解这类难题。

【例题分析】常温下 A 和 B 两种气体组成混合气体（A 的相对分子质量大于 B 的相对分子质量），经分析混合气体中只含有氮和氢两种元素，而且不论 A 和 B 以何种比例混合，氮和氢的质量比总大于 14/3。由此可确定 A 为______，B 为______，其理由是______。

若上述混合气体中氮和氢的质量比为 7 ∶ 1，则在混合气体中 A 和 B 的物质的量之比为______；A 在混合气体中的体积分数为______%。

【答案】N_2，NH_3，纯 NH_3 中氮和氢质量比为 14/3，在纯 NH_3 中混入任何比例的 N_2，都将使氮和氢质量比大于 14/3；1 ∶ 4，20。

【错误思路】审题不严，计算出了 A 的质量分数，或计算出了 B 的体积分数。

【正确解析】本题主要考查我们根据题设确定混合物成分的能力。

首先考虑氮、氢两元素组成的化合物 NH_3，分析 NH_3 中氮氢质量比。NH_3 中，m(N) ∶ m(H)=14 ∶ 3。题设条件下，m(N) ∶ m(H) > 14 ∶ 3，这只须在 NH_3 中混入 N_2 即可。由题意，M_r(A) > M_r(B)，所以 A 为 N_2，B 为 NH_3，因 $M_r(N_2)$ =28，$M_r(NH_3)$ = 17。

设混合气体中 A 和 B 的物质的量之比为 $x:y$。由题意，“xN_2+yNH_3”中，$14(2x+y):3y=7:1$，解得 $x:y=1:4$。$\varphi(A)=1\div(1+4)=20\%$。

【技巧总结】已知某气体混合物由两种元素组成，且知这两种元素的质量比大于(或小于)a/b，如何确定组成混合物的成分。其方法是：变不等（大于或小于）为相等，找出两元素（A和B）质量比等于 a/b 的化合物（A_xB_y）。若混合物中 A、B 两元素质量比大于 a/b，则在 A_xB_y 中混入 A(g) 或 $A_{(x+m)}B_y$(g) 符合要求；若混合物中 A、B 两元素质量比小于 a/b，则在 A_xB_y 中混入 B(g) 或 $A_xB_{(y+m)}$ 符合要求。（$x, y, m \in \mathbf{N}$）

11.8 不计算，估算更优势

估算就是不算，估算法是通过推理、猜测得出答案的一种方法。

【例题分析】在 100 mL 0.10 $mol\cdot L^{-1}$ 的 $AgNO_3$(aq) 中，加入 100 mL 溶有 2.08 g $BaCl_2$ 的溶液，再加入 100 mL 溶有 2.50 g $CuSO_4\cdot 5H_2O$ 的溶液，充分反应。下列说法中正确的是(　　)。

A. 最终得到白色沉淀和无色溶液

B. 最终得到的白色沉淀是等物质的量的两种化合物的混合物

C. 混合过程中，逸出无色气体

D. 在最终得到的溶液中，$c(Cu^{2+}) = 0.01\ mol\cdot L^{-1}$

【答案】B

【错误思路】数字运算失误。

【正确解析】本题考查我们对离子反应的认识及进行相关计算的能力。

本题有以下两种解法。

方法 1（计算法）：$n(Ag^+) = 0.100\ L \times 0.10\ mol \cdot L^{-1} = 0.010\ mol$

$$n(Ba^{2+}) = n(BaCl_2) = \frac{2.08g}{208g \cdot mol^{-1}} = 0.0100\ mol$$

$n(Cl^-) = 2n(BaCl_2) = 0.0200\ mol$

$$n(SO_4^{2-}) = n(CuSO_4 \cdot 5H_2O) = \frac{2.50g}{250g \cdot mol^{-1}} = 0.0100\ mol$$

首先 Cl^- 与 Ag^+ 发生反应生成白色 AgCl 沉淀：

Ag^+	+	Cl^- ═══	$AgCl\downarrow$
0.010 mol		0.010 mol	0.010 mol

反应后剩余 Cl^-：0.0200 mol−0.010 mol=0.010 mol。其次 Ba^{2+} 与 SO_4^{2-} 发生反应生成白色 $BaSO_4$ 沉淀：

Ba^{2+}	+	SO_4^{2-} ═══	$BaSO_4\downarrow$
0.010 mol		0.010 mol	0.010mol

生成 $BaSO_4$ 0.010 mol。反应后溶液中含 Cu^{2+}，其浓度为：

$$c(Cu^{2+}) = \frac{0.010mol}{0.100L \times 3} = 0.033\ mol \cdot L^{-1}$$

与备选项对照，可知答案。

方法 2（估算法）：最后 Cu^{2+} 留在溶液中，溶液浅蓝色，A 项不可选。由 $CuSO_4 \cdot 5H_2O$ 的质量是 3 位有效数字，及溶液的体积也是 3 位有效数字可推知 $c(Cu^{2+})$ 应为 3 位有效数字，D 项不可选。由于溶液混合时，只发生 Ag^+ 与 Cl^-、Ba^{2+} 与 SO_4^{2-} 的反应，所以也不会逸出气体，C 项不可选。

就解题效率而言，估算法大大优于计算法。

【技巧总结】估算法虽可大大提高解题效率，但其使用范围有一定的局限性，绝大多数计算题是不能用估算法解决的。尝试用估算法解题是好的，但面对每一个题都想用估算法解决，有时也会贻误时间。

11.9 本质同，达到等效平衡

等效平衡是指效果相同的平衡，即不论开始条件是否相同，只要平衡时各组分的质量分数相等。即可谓之等效平衡。

【例题分析】在一定温度下，把 2 mol SO_2 和 1 mol O_2 通入一个一定容积的密闭容器里，发生如下反应：

$2SO_2 + O_2 \underset{\Delta}{\overset{催化剂}{\rightleftharpoons}} 2SO_3$

当此反应进行到一定程度时，反应混合物就处于化学平衡状态。现在该容器中，维持温度不变，令 a、b、c 分别代表初始加入的 SO_2、O_2 和 SO_3 的物质的量（mol）。如果 a、b、c 取不同的数值，它们必须满足一定的相互关系，才能保证达到平衡时反应混合物中三种气体的百分含量仍跟上述平衡时的完全相同。请填写下列空白：

（1）若 a=0，b=0，则 c=________，

（2）若 a=0.5，则 b=________，c=________。

（3）a、b、c 取值必须满足的一般条件是（用两个方程式表示，其中一个只含 a 和 c，另一个只含 b 和 c）：________，________。

【答案】（1）2；（2）0.25　1.5；（3）$a+c=2$　$2b+c=2$

【错误思路】本题切入容易——（1）问较易；深入难——（2）问

较难，（3）问最难。试题很抽象，不能推断出第（2）问，也就不能推断出第（3）问。

【正确解析】本题的基本意图在于以化学平衡这一重要的基本理论为出发点，来考查我们将具体事物抽象为一般规律的统摄思维的能力。而且由于规律是要求以数字来表示的，因而在一定程度上使试题的难度进一步增加。

解决本题有两种思维方法：归纳思维和演绎思维，两者都是重要的科学思维方法。

方法1（归纳思维）：本题对化学平衡的考查由具体到抽象。这与中学现行通用教材介绍化学平衡的主导思想相一致。问题在于我们对化学平衡理解的程度。

本题设置了3个小问题，思维力度逐步加大。

第（1）问最容易，它可作为解答全题的基础。对于一个建立了化学平衡的可逆反应来说，无论反应是从正反应开始还是从逆反应开始，当反应进行到一定程度时，正向反应速度将与逆向反应速度相等，这样就建立了化学平衡。此时反应混合物中各成分的质量分数都保持不变。

对于平衡体系：$2SO_2+O_2 \rightleftharpoons 2SO_3$来说，无论是从2 mol SO_2和1 mol O_2的混合物开始反应，还是从2 mol SO_3开始反应，都将达到完全相同的化学平衡状态。

按照上述分析，第（1）问的答案，显然是c=2。

第（2）问则有所不同，其反应的初始态既不是2 mol SO_2和1 mol O_2，也不是2 mol SO_3，而是包含了SO_2、O_2、SO_3三种气体物质，且已指定SO_2为0.5 mol。

解这个问题的基本思路是：如果能够把加入的各初始物质的

物质的量转换为等价于 $a=2$、$b=1$、$c=0$，就一定会使反应达到与题设相同的化学平衡状态，这样就实现了题目所提出的要求。

现在题目设定 $a=0.5$，那么对于 b，符合逻辑的推断当然应该是

$$b=\frac{0.5}{2}=0.25$$

接着，要判断 c 的值，与 $a=2$、$b=1$、$c=0$ 的初始状态相比较。a、b 的差值分别是

$\Delta a=2-0.5=1.5$

$\Delta b=1-0.25=0.75$

从化学方程式的化学计量数关系可知

$\Delta c=1.5$

由于题设的初始状态时 $c=0$，此处 Δc 为零与 1.5 之差，也即在（2）中 $c=1.5$（前已指出 $a=0.5$，$b=0.25$）。

为回答第（3）问，需将（1）、（2）两问中的具体解“升华”为一般解，即将具体问题抽象成普遍规律。

从 $a=0$、$b=0$、$c=2$ 和 $a=0.5$、$b=0.25$、$c=1.5$ 两组关系中，不难发现下列两式可以成立：

$a+c=2$

$2b+c=2$

这是一组有普遍意义的关系式。它们相当于 2 mol SO_2 和 1 mol O_2 反应建立起的化学平衡或由 2 mol SO_3 反应建立起的化学平衡时各组分的质量分数。当然，这两个式子也可以写成其他形式。

方法 2（演绎思维）：还可以采用另外一种方法，可以通过一次计算使 3 个问题都得到解答。

设反应在题设条件（2 mol SO_2 与 1 mol O_2 为起始反应物）达到化学平衡时生成的 SO_3 的物质的量为 x mol，则：

$$2SO_2 + O_2 \rightleftharpoons 2SO_3$$

	SO_2	O_2	SO_3
起始时	2	1	0
平衡时	$2-x$	$1-0.5x$	x

设 SO_2、O_2 和 SO_3 为起始反应物，其物质的量分别为 a mol、b mol 和 c mol，达化学平衡时生成的 SO_3 的物质的量为 y mol，则：

$$2SO_2 + O_2 \rightleftharpoons 2SO_3$$

	SO_2	O_2	SO_3
起始时	a	b	c
平衡时	$a-y$	$b-0.5y$	$y+c$

由于上述两个化学平衡是等价的，下列关系应当成立，并构成了一个方程组：

$$\begin{cases} 2-x=a-y \\ 1-0.5x=b-0.5y \\ x=y+c \end{cases}$$

从上式可以得到

$a+c=2$

$2b+c=2$

这就是第（3）问的解。

若 $a=0$，$b=0$，代入上式，得 $c=2$

这就是第（1）问的解。

若 $a=0.5$，代入上式，得

$b=0.25$，$c=1.5$

这就是第（2）问的解。

【技巧总结】

➢ 恒温恒容条件下的等效平衡

恒温恒容条件下，建立等效平衡的条件是：反应物投料量相当。如在 *t*℃的 *V* L 恒温恒容甲、乙两容器中，甲中投入 2 mol SO_2 和 1 mol O_2，乙中投入 2mol SO_3，平衡时两容器中 SO_3 的体积分数相等。

若某平衡反应为：

$$mA(g)+nB(g) \rightleftharpoons pC(g)+qD(g)$$

且 $m+n=p+q$，则压强对平衡无影响，这时建立等效平衡的条件是：相同反应物的投料比相等；若投料物质不一样，可依反应方程式转化后再作比较。如温度 *t*℃、体积为 *V* L 的甲、乙两恒温恒容容器中，甲中充入 1 mol 的 I_2 蒸气和 1 mol 的 H_2，乙中充入 3 mol 的 I_2 蒸气和 3 mol 的 H_2，那么平衡时，甲、乙两容器中 HI 的体积分数相同。

➢ 恒温恒压条件下的等效平衡

恒温恒压条件下，建立等效平衡的条件是：相同反应物的投料比相等。若投料物质不相同，可依反应方程式完全转化后作比较。如 3 L 带活塞的甲、乙两容器，保持 *t*℃和 1 标准大气压，甲中投入 2 mol N_2 和 5 mol H_2，乙中投入 4 mol N_2 和 10 mol H_2，建立平衡时，两容器中 NH_3 体积分数相等。

11.10 方程配平，万能方式

在化学考试中很多问题都涉及方程式的配平，技巧若不掌握，就会觉得很难；掌握了其配平技巧，就会觉得较易。

【例题分析】配平下列化学方程式：

__PbN_6+__Cr（MnO_4）$_2$→__Cr_2O_3+__MnO_2+__Pb_3O_4+__NO↑

【答案】15 44 22 88 5 90

【错误思路】不能正确辨认 PbN_6 和 Cr（MnO_4）$_2$ 中各元素的化合价，可造成本题错解、难解，甚至不会解。

【正确解析】本题考查我们对氧化还原方程式的配平能力。

万能配平法：先设出化学方程式中某些物质的化学计量数，一般是方程式一边的化学计量数，即反应物（或生成物）的化学计量数，通常用 1、x、y、z 等数字和字母表示，然后根据原子个数守恒可求出 x、y、z 等未知数，这种方法几乎对所有化学方程式都是适合的，所以叫作万能配平法。

① 1 PbN_6+x Cr（MnO_4）$_2$→____Cr_2O_3+____MnO_2+_____Pb_3O_4+NO↑

②先根据 Cr、Mn、Pb、N 原子个数守恒，得出生成物的暂定计量数：

PbN_6+x Cr（MnO_4）$_2$ → $x/2$ Cr_2O_3+$2x$ MnO_2+1/3 Pb_3O_4+6NO↑

6 PbN_6+$6x$ Cr（MnO_4）$_2$ → $3x$ Cr_2O_3+$12x$ MnO_2+2 Pb_3O_4+36NO↑

再根据 O 原子守恒得到下列等式，并求出 x：

$48x=9x+24x+8+36$

$x=44/15$

③ 15PbN_6+44 Cr（MnO_4）$_2$ ══ 22 Cr_2O_3+88 MnO_2+5 Pb_3O_4+90 NO↑

【技巧总结】较难氧化还原方程式的配平，经常用到以下方法：

➢ 0价配平法

当化学方程式中某些元素的化合价较难确定时，通常采用0价配平法，所选配平标准可以是反应物，也可以是生成物。

➢ 万能配平法

万能配平法所配平的化学方程式只是原子个数守恒，化合价的升降总值不一定相等，因而不一定正确，虽然中学阶段很少遇到这样的化学方程式，但在最后进行化合价升降总值是否相等的验证，还是必要的。

➢ 合并配平法

关键是找出发生反应的两种物质间的某种数量关系，常用方法有：

（1）通过某种物质的分子中原子间的数量关系，确定其他两种（或多种）物质的数量关系。

（2）通过电荷守恒等方法确定其他两种（或多种）物质的数量关系。

➢ 拆分配平法

此方法适合氧化剂和还原剂是同一种物质，且氧化产物和还原产物也是同一种物质的化学方程式的配平，其配平技巧是将氧化还原剂（或氧化还原产物）根据需要进行合理拆分。

11.11 物质推断，找准突破口

物质推断题，以化学实验为基础，突破口较隐蔽，学科内交叉性较强，因而较难。

我们在审题中要找到最佳的突破口，就是物质特色、反应特点，以及化学反应中特有的性质和现象。

【例题分析】 A、B、C 和 D 分别是 $NaNO_3$、NaOH、HNO_3 和 $Ba(NO_3)_2$ 四种溶液中的一种，现利用另一种溶液 X，用如下图所示的方法，即可将它们一一确定。

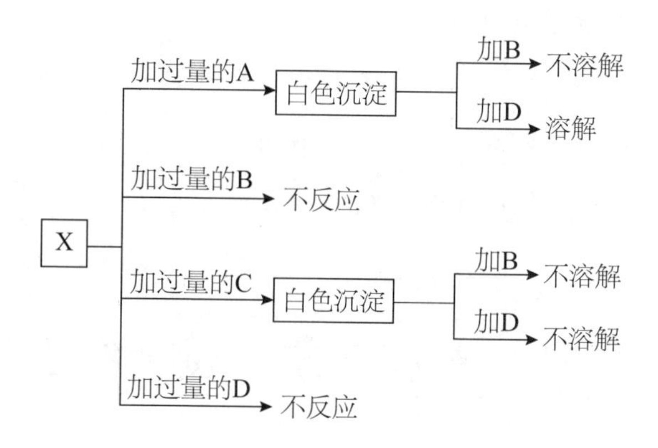

试确定 A、B、C、D、X 各代表何种溶液。

A：________ B：________ C：________ D：________

X：________

【答案】 A：NaOH；B：$NaNO_3$；C：$Ba(NO_3)_2$；D：HNO_3；X：$MgSO_4$

【错误思路】 单由框图或题给物质都不能顺利得出答案，答案的得出是以上两方面协调作用的结果。

【正确解析】 本题考查我们根据实验现象推断物质名称的能力。

由框图知，$NaNO_3$、NaOH、HNO_3、$Ba(NO_3)_2$ 分别与 X 溶液混合，出现两种沉淀。这只能是由 NaOH 和 $Ba(NO_3)_2$ 分别与 X 混合生成的。因 $NaNO_3$ 和 HNO_3 与任何物质反应也不会有沉淀生成。则 B 和 D 为 HNO_3 和 $NaNO_3$，A 和 C 为 NaOH 和

$Ba(NO_3)_2$（突破口）。NaOH 和 X 反应生成的沉淀——碱，必被 HNO_3 溶解，而不能被 $NaNO_3$ 溶解，所以 A 为 NaOH，D 为 HNO_3，B 为 $NaNO_3$，那么 C 为 $Ba(NO_3)_2$。由 C 即 $Ba(NO_3)_2$ 与 X 作用生成的沉淀不溶于 HNO_3 知 X 中含 SO_4^{2-}，结合 X 与过量 A 即 NaOH 作用生成白色沉淀（碱），可推出 X 为 $MgSO_4$。

【技巧总结】物质推断题解决的关键是寻找突破口，突破口的寻找应注意以下几个方面：

（1）题给物质易生成沉淀、易放出气体的有哪些。

（2）框图中线路有没有与众不同的地方。

（3）将题给物质与框图线路结合起来分析。

11.12 产物现象，顺序浓度定

化学上有许多产物，跟反应物浓度关系密切。浓度不同，对应的产物也是不同的，此即所谓：浓度不同产物异。

化学上有一类反应，将 A 滴入 B 中与将 B 滴入 A 中现象往往不同，此即所谓：顺序不同现象异。

我们在解题中肯定要关注这些反应物加入顺序和浓度，才能真正确定最终的反应结构。

【例题分析】38.4 mg 铜跟适量浓硝酸反应，铜全部作用后，共收集到气体 22.4 mL（标准状况），反应消耗 HNO_3 的物质的量可能是（　　）。

A.1.00×10^{-3} mol　　B.1.60×10^{-3} mol

C.2.20×10^{-3} mol　　D.2.40×10^{-3} mol

（忽视 NO_2 与 N_2O_4 的相互转化）

【答案】C

【错误思路】

忽视了 Cu 与稀 HNO_3 的反应，就会错选 D；只运用 Cu 与稀 HNO_3 反应解题，就会错选 B。

【正确解析】

随着反应的进行，硝酸的浓度逐渐变小，产生的气体可能是纯净的 NO_2，也可能是 NO_2 和 NO 的混合物。

n（Cu）=38.4 mg ÷ 64.0 g·mol^{-1}=0.600 mmol

n（g）=22.4 mL ÷ 22.4 L·mol^{-1}=1.00 mmol

这样，发生的反应可能是下列①一个，也可能是①②两个：

① $Cu+4HNO_3$（浓）$=\!=\!=$ $Cu(NO_3)_2+2NO_2\uparrow+2H_2O$

② $3Cu+8HNO_3$（稀）$=\!=\!=$ $3Cu(NO_3)_2+2NO\uparrow+4H_2O$

于是，本题有以下多种解法。

➢ 方法 1（极值法）

若产生的气体全部是 NO_2，由化学方程式①得

n（HNO_3）=4n（Cu）=0.600 mmol×4=2.40 mmol

n（NO_2）=2n（Cu）=0.600 mmol×2=1.20 mmol

V（NO_2）=1.20 mmol×22.4 L·mol^{-1}=26.9 mL > 22.4 mL

可见，气体不全是 NO_2。

若产生的气体全部是 NO，由化学方程式②得

n（HNO_3）=8/3n（Cu）=0.600 mmol×8/3=1.60 mmol

n（NO）=2/3n（Cu）=0.600 mmol×2/3=0.400 mmol

V（NO_2）=0.400 mmol×22.4 L·mol^{-1}=8.96 mL < 22.4 mL

由于气体是 NO_2 和 NO 的混合物，8.96 mL < V（g）< 26.9

mL，所以 1.60 mmol ＜ n（HNO_3）＜ 2.40 mmol，

观察备选项可知答案。

➢ 方法 2（守恒法）

根据反应前后 N 原子守恒和 Cu 原子守恒得

$n(HNO_3)=n[Cu(NO_3)_2]\times 2+n(NO_2)+n(NO)$（N 原子守恒）

$=n(Cu)\times 2+n(NO_2)+n(NO)$（Cu 原子守恒）

$=0.600\ mmol\times 2+1.00\ mmol$

$=2.20\ mmol$

➢ 方法 3（写总反应方程式法）

设生成 NO_2 的物质的量为 x，则题设条件下的总反应为

$0.6Cu+2.2HNO_3 = 0.6Cu(NO_3)_2+xNO_2\uparrow+(1-x)NO\uparrow+1.1H_2O$

先写出反应物和生成物以及 Cu、NO_2 和 NO 的化学计量数，再根据 Cu 原子守恒和 N 原子守恒得出 $Cu(NO_3)_2$ 和 HNO_3 的化学计量数，H_2O 的化学计量数可根据 N 原子守恒而得出（因与结果无关也可不算出）。

根据方程式及有效数字的运算规则，可知参加反应的 HNO_3 物质的量为 2.20 mmol。

方法 4（平均分子式法）

设 HNO_3 还原产物的平均分子式为 NO_x，则

$n(Cu):n(NO_x)=0.600\ mmol:1.00\ mmol=3:5$

Cu 与 HNO_3 的总反应方程式为

$3Cu+11HNO_3 = 3Cu(NO_3)_2+5NO_x\uparrow+?\ H_2O$

先写出反应物和生成物及 Cu 和 NO_x 的化学计量数 3 和 5，再根据 Cu 原子守恒和 N 原子守恒分别得出 $Cu(NO_3)_2$ 和

HNO_3的化学计量数3和11，H_2O的化学计量数因与结果无关可不算出，则

$n(HNO_3)=11/3n(Cu)=0.600\ mmol\times11/3=2.20\ mmol$

【技巧总结】

➢ 浓度问题

当化学反应进行时，反应物不断被消耗。随反应的进行，反应物浓度不断改变，①有的会造成产物的不同。例如，过量Cu放入少量浓HNO_3中，开始生成的气体是NO_2，后来生成的气体是NO；很稀的HNO_3溶液与活泼金属反应还会有H_2生成（非信息题可不考虑）。再如，过量活泼金属（如Zn）与少量浓H_2SO_4的反应，开始时生成的气体是SO_2，后来生成的气体是H_2。②有的反应不再发生。例如，过量Cu与少量浓H_2SO_4的反应，随反应的进行，浓H_2SO_4变成了稀H_2SO_4，Cu与稀H_2SO_4不再发生反应。再如，过量MnO_2与少量浓盐酸的反应，随反应的进行，浓盐酸变成稀盐酸，不再与MnO_2发生氧化还原反应。③有些本来不能发生的反应，后来能够进行。如稀H_2SO_4溅在衣服上，水分蒸发后，变成浓H_2SO_4，也就能使布料脱水炭化。

➢ 顺序问题

顺序不同现象异，其实质是过量反应和连续反应的结果，做好过量分析是解决这类问题的关键：

将A溶液滴入B溶液中，开始时，A不足，B过量，A完全反应，B剩余。随着滴加的进行，B溶液将消耗殆尽。这时再滴入的A可能会与A、B反应的产物C反应。

第12章

高中生物技巧审题与解题

——灵活运用思维方法和系统特点

高中生物是研究生命的基础理论科学，有一定的“文科”特征，题型形式多样。从填空题到实验综合题，我们都要记住生物基本知识，并能结合发散思维，将生物学的技能运用于实际中。

高中生物想考出好成绩需要有良好的习惯和科学的方法，针对不同题型灵活运用判断、归纳、演绎等方法进行分析思考。尤其是一些综合生物题，我们需要多重思维方式综合运用才能解决问题。

12.1 两次读题，结论“水落石出”

我们在阅读题目时不要操之过急，可以读两遍。第一遍，快速阅读，抓关键词；第二遍，放慢速度，缩小范围，限定主语、条件、要求、特征等。

【例题分析】下图表示玉米种子的形成和萌发过程。据图分析正确的叙述是（　　）。

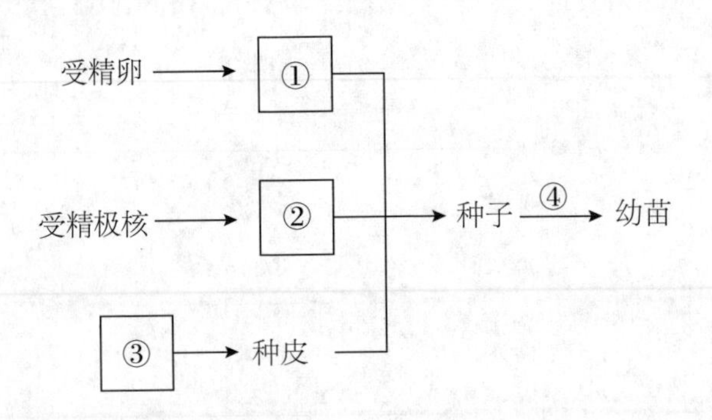

A. ①与③细胞的基因型可能不同

B. ①结构由胚芽、胚轴、胚根和胚柄四部分构成

C. ②结构会出现在所有被子植物的成熟种子中

D. ④过程的初期需要添加必需的矿质元素

【答案】A

【错误思路】读题太快，未看清其中的解题条件，判断错误。

【正确解析】读第一遍，明白①、②、③、④所表示的意思，

①代表胚，②代表胚乳，③代表珠被，④代表种子的形成和萌发。如果我们不读第二遍，在考场紧张的气氛中，一般不太明白题意。读第二遍，明白答案的四个选项是对①、②、③、④所表示的意思的表述。B选项，没有胚柄，而应该是子叶；C选项，胚乳只出现单子叶植物成熟种子中；D选项，④过程的初期主要是种子的萌发，这个时候种子不能吸收利用矿质元素；A选项，①存在于受精作用中，基因型由精子和卵细胞组合而来，③的基因型直接来自亲本，可能不同。

【技巧总结】有些选择题表述、逻辑等方面稍微复杂一点，读第一遍一般不太明白题意。如果我们读两遍题，抓关键词，从题干的主语、条件、要求、特征等方面进行限定，再结合答案选项，就能比较准确地明确试题所要考查的知识点、目的及能力要求等。

12.2 灵活巧用，正反推理方法

正推法即根据题目的已知条件直接推论或计算出答案，然后再与题目中所给定的供选答案相对照，与之相同者即为应选答案。

反推法即从供选答案出发反过来推导，结果与题意相符者即为应选答案。这种方法多用于供选答案中含有较多信息的选择题。

【例题分析】鸡的毛腿（F）对光腿（f）是显性。豌豆冠（E）对单冠（e）是显性。现有一只公鸡甲与两只母鸡乙和丙，这三只鸡都是毛腿豌豆冠，用甲与乙、丙分别进行杂交，它们产生的后代性状表现如下：（1）甲 × 乙→毛腿豌豆冠，光腿豌豆冠；（2）甲 × 丙→毛腿豌豆冠，毛腿单冠。公鸡甲的基因型是(　　)。

A. F F E E　　B F F E e　C. F f E e　　D. F f E E

【答案】C

【错误思路】推理过程中过于直接，不了解反推的意义，无法解题而选错。

【正确解析】题干中给出公鸡甲的性状是毛腿、豌豆冠，由此可推知公鸡甲的基因型为 F、E，A、B、C、D 四个供选答案都与之符合，再从四个供选答案中逐一进行反推，B 与（1）矛盾。D 与（2）矛盾。A 与（1）和（2）都矛盾。只有 C 与（1）（2）都相符合。因此应选 C。

【技巧总结】高考审题中最重要的是灵活运用正推和反推两种方法，所谓的正推反推并用法，即先从题干入手进行正推，得出中间结论，然后由供选答案反推，结果与中间结论相符者，即为应选答案，这种方法适合于较复杂的选择题。

12.3　克服思维定式，防止“生路熟走”

有些试题的题干是出题者对教材中的有关知识、我们平时已做过的试题等稍作改动后命制而成的。这类试题最具欺骗性，乍看像“熟题”，实际上已经“改头换面”，其目的在于检验我们是否具有敏锐的观察能力以及准确获取信息的能力。如果审题粗心大意，只凭经验做题，就很容易犯思维定式的错误。因此，越是“熟题”，越要引起警觉、细心审题，准确地获取信息，做到“熟路生走”，才能准确作答。

【例题分析】肺炎双球菌抗药性的变异来源是（　　）。

①基因突变　②基因重组　③染色体数目变异　④染色体结构变异

A. ①　　　　　B. ②　　　　　C. ③④　　　　　D. ①②③④

【答案】A

【错误思路】因题目中的①②③④都是生物产生可遗传变异的来源，故有些考生思维定式马上就选D，而并未对肺炎双球菌作具体分析，以致出错。

【正确解析】肺炎双球菌是一种细菌，属于原核生物，其细胞内无染色体，不可能出现染色体数目和结构的变异；细菌不可能出现基因重组。选A。

【技巧总结】 思维定式的产生一方面是我们平时练习过多，但更多的因素是我们在审题时不够细心，过于不重视。所以只要在审题中认真对待每一道题，无论是自己熟悉的提醒还是不熟悉的，都要抓住题设给出的所有条件，我们定式思维的影响就会减小。

12.4　抓题干线索，明确思路

很多生物题型是有材料题的特点的，在一些材料细节中已经提供了提示部分，它规定了我们所要解答的内容及要求。题干的设置更复杂、更隐晦、更难把握，我们一旦出现线索查找失误，必错无疑。因此认真审阅题干，清除干扰，挖掘隐含线索，明确题目要求，就显得尤为重要。

【例题分析】为了验证用胰岛素具有降低血糖含量的作用，在设计实验方案时，如果以正常小鼠每次注射药物前后小鼠症状的变化为观察指标，则下列对实验组注射药物的顺序，正确的是（　　）。

A. 先注射胰岛素溶液，后注射葡萄糖溶液

B. 先注射胰岛素溶液，再注射胰岛素溶液

C. 先注射胰岛素溶液，后注射生理盐水

D. 先注射生理盐水，后注射胰岛素溶液

【答案】A

【错误思路】未发现题干中隐藏的线索，造成选择有误。

【正确解析】通过审题易知，本题主要考查自身对照的运用。由于实验目的是“验证用胰岛素具有降低血糖含量的作用”，故能确定实验变量为“胰岛素”。实验组应先注射胰岛素溶液。审题时注意，观测指标设置为“小鼠症状的变化”，如何进一步确定相关症状与葡萄糖有关，故应“后注射葡萄糖溶液”。给正常小鼠注射胰岛素溶液会使鼠体内的血糖浓度迅速降低而出现休克等症状，而此症状可通过补充血糖来恢复。注射胰岛素出现症状只能说明胰岛素与症状的相关性；用注射葡萄糖溶液使症状消失说明了此症状与葡萄糖浓度的相关性。

【技巧总结】

➢ 审限定条件

限定条件的种类很多，如时间、原因、影响等。限定的程度也不同，如根本、直接、最终等。选择的方向也有肯定否定之分，如是、不是、正确、错误等。描述的对象也有不同，如植物细胞、动物细胞，C3 植物、C4 植物，叶肉细胞、根尖细胞，细菌、真菌，原核生物、真核生物，等等。这些限定条件，其设问指向不同，往往提示了解题的思路。故应注意相关概念的区别，掌握相关概

念的内涵。

➢ 审隐含条件

隐含条件是指隐含于相关概念、图形和生活常识中，而题干未直接指出的条件。隐含条件为题干的必要条件，是解题成败的关键。故应仔细阅读题干，从多角度、多层次、多方面挖掘隐含，补充题干。

➢ 审干扰因素

干扰因素是指出题者有意在题中附加一些与题无关的信息，干扰我们的解题思路，增加试题难度。故应有过硬的基础知识、敏锐的洞察力，分析题干，排除干扰。

12.5 错中选对，从选项中排除

做选择题最常用的就是排除法，而排除法的技巧在于要掌握“错误原理”。出题者最常用什么来干扰我们的解题呢？“知识错误”排第一，“逻辑错误”排第二，“表述错误”排第三，“与题干要求不吻合”排第四。

【例题分析】下列关于生态系统稳定性的叙述，错误的是(　　)。

A. 在一块牧草地上播种杂草形成杂草地后，其抵抗力稳定性提高

B. 在一块牧草地上通过管理提高某种牧草的产量后，其抵抗力稳定性提高

C. 在一块牧草地上栽种乔木形成树林后，其恢复力稳定性下降

D. 在一块牧弃耕后的牧草地上形成灌木林后，其抵抗力稳定性提高

【答案】B

【错误思路】不会分析选项中的干扰问题，没有发现“陷阱”，选择不准确。

【正确解析】一般来说，生态系统的成分越单纯，营养结构越简单，自动调节能力就越弱，抵抗力稳定性就越低。相反，生态系统中各个营养级的生物种类越多，营养结构越复杂，自动调节能力就越强，抵抗力稳定性就越高。抵抗力稳定性和恢复力稳定性一般呈相反的关系。牧草地上通过管理提高某种牧草的产量，可能会使杂草等其他植物的种类和数量减少，导致抵抗力稳定性降低。B选项，提高了牧草的产量，并未丰富其物种，营养结构、群落结构等并没有变复杂。属于知识性错误，当然，也涉及表述性错误。

【技巧总结】在近几年来的高中生物试题中，这类“正确的是”“不正确的是” “错误的是”试题将近占了选择题的一半。其实，对这类试题来说，只要我们掌握“错误原理”，明确“知识错误”是不可原谅的错误，“逻辑错误” “表述错误”的迷惑性较大，有些答案选项是正确的，但是与题干要求无关，也就能轻松作答了。

12.6 启用“对比思维”，用“已知”推导“未知”

表格、图形以及选择题的四个选项常常存在对比关系，采取

先对比、后排除思维，一般都可以剔除有的选项。如果出现一些未知的知识或者选项，可以用已知的知识对比、排除后，推导出未知的知识或者选项的判断。

【例题分析】在“观察植物细胞的质壁分离和复原”实验中，对紫色洋葱鳞片叶外表皮临时装片进行了三次观察（如下图所示）。下列有关叙述正确的是（　　）。

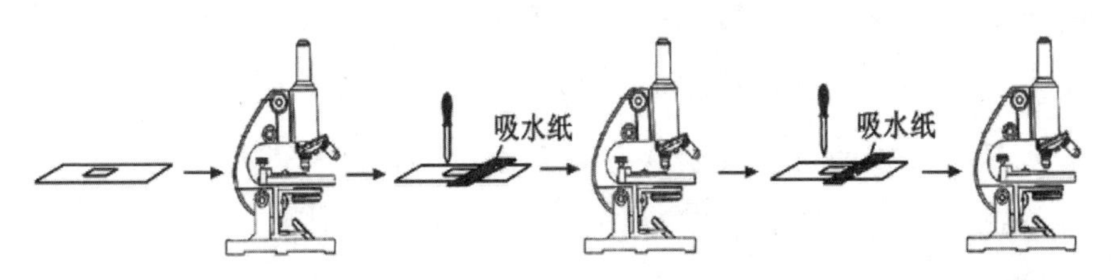

A. 第一次观察时容易看到紫色大液泡和较大的无色细胞质基质区域

B. 第二次观察时可以发现细胞质壁分离首先发生在细胞的角隅处

C. 吸水纸的主要作用是吸除滴管滴加的多余液体，以免污染镜头

D. 为了节约实验时间，通常可以省略第一次显微观察步骤

【答案】B

【错误思路】对于显微镜使用和观察不熟悉，对选项内容理解不清。

【正确解析】第一次观察时由于未滴入蔗糖溶液，细胞还没有发生质壁分离，只能看到紫色大液泡，故A错误；第二次观察时滴入少量的蔗糖溶液，细胞开始发生质壁分离，可以发现细胞质壁分离首先发生在细胞的角隅处，故B正确；吸水纸的主要作用是吸引蔗糖溶液从盖玻片的一侧流到另一侧，使全部洋葱鳞片叶浸润在蔗糖溶液中，C 错误；第一次显微镜观察是为了获得实验前的形象，以便于和实验中的现象变化作对比，因此不可省略，故 D 错误。

【技巧总结】图表类，特别是表格和坐标图类选择题，常常需要我们启用“对比思维”，注意横向对比、纵向对比，甚至多方向对比，进而找出合适的选项。而有的选择题涉及新材料、新情景、新知识等新内容，我们则要用“已知”推“未知”，即如果三个已知选项都是错误的，那个未知的选项就应该是正确的；如果两个已知的选项是错误的，那个未知的选项是错误的，那另一个选项就是正确的。

12.7 利用生物“潜规则”，高效答题

每个学科都有自己的学科特点，都有一些特有的“潜规则”。当然，生物学科也有一些特有的“潜规则”。比如，验证性实验试题的结论一般要求与教材上的正面知识一致；课本上出现过的遗传性状（遗传病）要依据课本书写和推导；“遗传类型”没有特别指明的情况下指的是“表现型”；遗传系谱图推导中没有说明“有病”指的就是“正常”；等等。

【例题分析】用放置太久的洗碗水做水质污染实验时，不能使 0.01% 亚甲基蓝溶液褪色，其合理解释是（　　）。

A. 溶解氧太低，好氧性细菌已死亡

B. 亚甲基蓝溶液浓度太低

C. 好氧性细菌大量繁殖

D. 溶解氧太多

【答案】A

【错误思路】对生物知识掌握不充分，没有看到生物特性，造成选择错误。

【正确解析】0.01% 亚甲基蓝溶液是活体染色剂，不影响生物(细菌)的正常生理活动。好氧性细菌可以在洗碗水中大量繁殖，将蓝色的亚甲基蓝阳离子吸收到细菌细胞内，从而使 0.01% 亚甲基蓝溶液的蓝色褪去。故人们常利用亚甲基蓝作为指示剂，根据蓝色的褪色程度来鉴定水质的污染(检测好氧性细菌的相对数量)程度。当洗碗水放置时间过长时，水中溶解氧太低，好氧性细菌死亡，就不能进行有效的鉴定。我们应该掌握指示剂变色的原理，注意水污染可能产生的影响及水体自身净化所发生的变化。这些实验知识都要求与课本的正面知识(原理、操作、现象、结果、结论等)一致。

【技巧总结】在解答一些特殊选择题时，我们除了掌握相关知识外，还要注意一些学科特有的或者某些知识点特有的“潜规则”。只有在考虑了这些“潜规则”和知识陷阱的前提下选择出来的答案才能不被某些选项的迷惑。当然，有些同学或许会问:“那有哪些潜规则呢？”这个需要我们自己去收集和整理。只有这样，才能达到真正的理解和掌握。

12.8 不算，定位答案也快速有效

生物题型中推理是比较重要的，而对应的解题技巧也要结合

题型来设定。我们为了提高解题速度和效率，就要准确定位一些解题的技巧，很多题型可以采用一些不用计算直接求解的方法。

【例题分析】人被犬咬伤后，为防止狂犬病发生，需要注射由灭活狂犬病毒制成的疫苗。疫苗在人体内可引起的免疫反应是（　）。

A. 刺激效应 T 细胞分化成为记忆细胞

B. 刺激吞噬细胞产生抗狂犬病毒抗体

C. 可促进效应 B 细胞释放出淋巴因子

D. 产生与狂犬病毒特异性结合的抗体

【答案】D

【错误思路】不利用快速判断的技巧，花费了过多时间，甚至找不到答案。

【正确解析】注射由灭活狂犬病毒制成的疫苗（抗原），刺激人体免疫系统产生特异性的抗体，从而把可能侵入人体内的狂犬病毒清除掉。这是被动免疫，也是体液免疫（如果狂犬病毒侵入细胞内，主要是神经细胞内，就很难预防和治疗了）。抗体是由效应 B 细胞产生的，淋巴因子是由效应 T 细胞产生的，抗原再次刺激记忆细胞时会分化增殖形成大量效应细胞。

【技巧总结】我们要根据题型特点，采用不同方法。

➢ 淘汰排除法

根据题干所给的条件和提出的问题，将供选答案中不合理的答案逐个淘汰排除，达到去伪存真，以获得正确的答案。这种方法适合于多种形式的选择题。

➢ 比较筛选法

将题目所提供的备选答案进行比较，分步筛选掉与题目要求不符者，以求得正确答案。对于所提供的备选答案具有二重以上的前提条件或正确答案和错误答案彼此相似的题目宜用此法。

➢ 推理法

解题时，从已知条件出发，正确运用有关的生物概念和原理进行步步逼近的逻辑推理，进而求得正确答案。对于比较集中考查生物基本概念和理论的题目宜用此法。

➢ 综合分析法

对于一些不易直接判断出正确答案的选择题，常要进行细致分析、严谨的推理、正确的判断才可能得出正确答案。这样的方法称为综合分析法。解答复杂的选择题和多选题多用此法。

总之，选择题的解法形式多种多样，有时同一题目可以用各种不同方法来进行解答。因此，我们解答选择题时，可以“不择手段”来进行选择，即根据题型的要求，灵活、熟练地运用各种不同的解题方法与技巧，达到快速、准确求解的目的。

12.9 寻找“题眼”，解题畅通无阻

生物材料中很多内容只是背景，我们的重点就是要抓住“题眼”，什么才是这道题要考核的关键内容，我们就用相关的生物知识去解答。

【例题分析】香蕉原产热带地区，是我国南方重要的经济作物之一。广东省冬季常受强寒潮和霜冻影响，对香蕉生长发育影响很大。由香蕉束顶病毒（BBTV，单链环状 DNA 病毒）引起的香蕉束顶病，对香蕉生产的危害十分严重。当前香蕉栽培品种

多为三倍体，由于无性繁殖是香蕉繁育的主要方式，缺少遗传变异性，因此利用基因工程等现代科技手段提高其种质水平，具有重要意义。

请根据上述材料，回答下列问题：

（1）简述香蕉大规模快速繁殖技术的过程。

（2）脱毒香蕉苗的获得，可采用______的方法，此方法的依据是______和______。

（3）建立可靠的BBTV检测方法可以监控脱毒香蕉苗的质量，请问可用哪些方法检测病毒的存在？（列举两种方法）

____

（4）在某些深海鱼中发现的抗冻蛋白基因af p对提高农作物的抗寒能力有较好的应用价值，该基因可以从这些鱼的DNA中扩增得到。试述在提取和纯化DNA时影响提纯效果的因素及其依据。（列举两点）

____

（5）如何利用af p基因，通过转基因技术获得抗寒能力提高的香蕉植株？在运用转基因香蕉的过程中，在生态安全方面可能会出现什么问题？（列举两点）

____

（6）从细胞工程的角度出发，简述一种培育抗寒香蕉品种的方法及其依据。另外，抑制果胶裂解酶的活性可以延长香蕉果实储藏期，请描述采用蛋白质工程技术降低该酶活性的一般过程。

____

【错误思路】被过多的材料所干扰，关键词认识不准确，没有理解“三倍体”“无性繁殖”的基本生物知识。

【正确解析】本题属于材料分析问答题。材料中的关键词有：香蕉、束顶病、三倍体、无性繁殖、基因工程。可以肯定，一般出题者都会依据这些关键词进行试题的编制。（1）小题就只能靠记忆，也就是组织培养的过程。可以用文字回答，也可以用过程简图回答。（2）小题，还是靠记忆，要求回答组织培养的特点。（3）小题也是靠记忆，要求回答生物鉴定中最常用的基因检测、蛋白质检测方法。（4）小题要求掌握课本实验“DNA的粗提取和鉴定”并作适当扩展。（5）小题考查基因工程及其操作。（6）小题考查细胞工程和酶（蛋白质）变性的原理。

【技巧总结】在做非选择题时，一定要注意材料、题干、设问、图表中的关键词，这些关键词常常也就是题目的题眼。它将告诉我们试题要考查的内容和要求我们回答的知识。关键词能否准确找到是能否正确解答试题的第一步，也是关键的一步。

一道试题，如果我们能找到关键词、准确定位知识点，也就意味着取得了一半的成功。如果我们连知识点都定位错误了，可想而知，就会答非所问，文不对题。要注意的是，一道试题常常不仅仅考查一个知识点。有的试题，每个小题都考查两三个知识点，一道答题考查了多个知识点，这要求我们不单单是对每一个小题，甚至对每一个设问都要定位清楚所要考查的知识点。从近年来高考命题分析来看，如果一道大题只考查一两个知识点，常常难度较大，需要进行深入的扩展和发散；如果一道大题考查多个知识点，常常难度不大，许多时候都是要求用课本上的原话作答。

12.10 回归教材，组织“原话”

所有的生物题型都是从生物教材中变相而来的，所以无论题设材料中给出了多少复杂烦琐的背景信息，归根结底还是考查生物知识和生物规律，所以在解题中最关键的就是平时学习的知识点。

回答问题的过程中一定要回归到生物课本中，尽量能对应上教材中的原话。

【例题分析】下图表示光照强度对 A、B 两种 C3 植物光合作用强度的影响。据图回答：

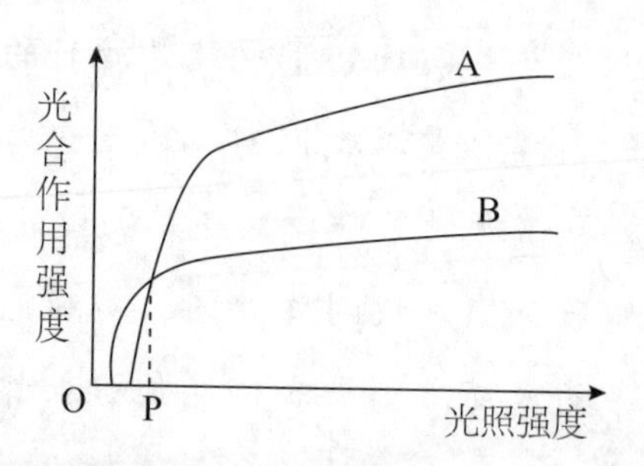

（1）A、B 两种植物光合作用过程中对光能利用的差异是______________。

（2）在农业生产中，与 B 植物相比，A 植物应种植在______________条件下。

【答案】：（1）在低于 P 光照强度下 B 植物光能利用率比 A 植物的高，而在高于 P 光照强度下 A 植物光能利用率比 B 植物的高。（2）较强光照。

【错误思路】过于发散思维，没有联系课本内容，回答不准确。

【正确解析】这种考查光合作用的坐标图试题，一般考查

C3与C4植物、阳性植物和阴性植物光合作用的区别及分析，或者考查某植物光合作用影响因素的分析等。如果我们不注意看题干，而误认为是考查C3与C4在光合作用上的差别，那就错了。由于题干已说（下图表示光照强度对A、B两种C3植物光合作用强度的影响），所以，试题考查的是阳性植物和阴性植物光合作用的问题。然后在通过分析图表、结合题干和设问，从题干或者课本原话组织答案。本题主要是考查我们的识图、析图能力，照着曲线解答（看图说话）就可以了，没有必要弄得很复杂。

【技巧总结】生物高考题中除了一些需要深入分析和归纳的试题答案外，许多非选择题的答案都是来自相关内容在课本上的原话，或者题干、设问中词语、语句组合而成。如果我们能具备这种“从课本原话和题干”去寻找和组织答案的能力，那就真正做到了“鱼渔皆授”。

12.11 逆向思维，却要顺向作答

很多生物题需要从结论中去逆向推导条件，所以这种思维模式要熟悉和习惯，但是在作答过程中要顺向而为。

【例题分析】某种细菌体内某氨基酸（X）的生物合成途径如图：

$$\text{底物} \xrightarrow{\text{酶a}} \text{中间产物1} \xrightarrow{\text{酶b}} \text{中间产物2} \xrightarrow{\text{酶c}} \text{X}$$

这种细菌的野生型能在基本培养基（满足野生型细菌生长的简单培养基）上生长，而由该种细菌野生型得到的两种突变型(甲、

乙）都不能在基本培养基上生长；在基本培养基上若添加中间产物 2，则甲、乙都能生长；若添加中间产物 1，则乙能生长而甲不能生长。在基本培养基上添加少量的 X，甲能积累中间产物 1，而乙不能积累。请回答：

（1）根据上述资料推论：甲中酶＿＿＿的功能丧失；乙中酶＿＿＿的功能丧失，甲和乙中酶＿＿＿的功能正常。由野生型产生甲、乙这两种突变型的原因是野生型的＿＿＿（同一、不同）菌体中的不同＿＿＿发生了突变，从而导致不同酶的功能丧失。如果想在基本培养基上添加少量的 X 来生产中间产物 1，则应选用＿＿＿（野生型、甲、乙）。

（2）将甲、乙混合接种于基本培养基上能长出少量菌落，再将这些菌落单个挑出分别接种在基本培养基上都不能生长。上述混合培养时乙首先形成菌落，其原因是＿＿＿＿＿＿＿＿。

（3）在发酵过程中，菌体中 X 含量过高时，其合成速度下降。若要保持其合成速率，可采取的措施是改变菌体细胞膜的＿＿＿＿，使 X 排出菌体外。

【错误思路】逆向思维运用不灵活，造成解题不清晰。

【正确解析】（1）由题干“而甲不能生长”。可知：乙中酶 a 功能丧失，甲中酶 b 功能丧失。产生甲、乙两种突变的原因是野生型的不同菌体的不同基因发生了突变。因为“在基本培养基上添加少量的 X，甲能积累中间产物 1”，所以要想生产中间产物 1，应选用甲。

（2）由题干“若添加中间产物则 1 乙能生长”，而“甲能积累中间产物 1”，所以将甲、乙混合培养时甲产生的中间产物 1 能使乙合成 X，使乙首先形成菌落。

（3）在发酵过程中，可以采取一定的手段改变细胞膜的通透性，使 X 排出细胞外。

【技巧总结】“逆向思维”是一种很重要的逻辑思维，就生物非选择题答案的形成分析，如果答案是一句话，这句话一般包括主语（名词）、过程、原因、结果；如果答案由几句话组成，一般包括三句话，第一句话衔接题设，第二句话阐述原因，第三句话表述结果。如果我们采取：结果（结论）→原因→题设（条件）进行推导，就容易找到它们的内在联系，然后再反过来进行：题设（条件）→原因→结果（结论）描述，就会得到比较科学、合理和完整的答案。

12.12　实验题型重视操作和细节

生物实验往往可以分为“验证”和“探究”两类，我们在拿到题目的时候先要明确题目要求我们“做什么”，“在什么样的条件下进行实验”。根据平时的生物实验学习，我们要重视实验操作细节，并能根据这些基础知识和实验工具获得实验设计的能力。

【例题分析】某研究性学习小组通过资料查找发现：桐花树（红树的一种）幼苗在盐度为 1% ～ 3% 的环境中生长较好。为探究桐花树幼苗的最适生长盐度是多少，该学习小组设计了以下实验方案。

（1）材料用具：生长良好、树龄相同的桐花树幼苗 5 株，培养瓶 5 个，3%NaCl 溶液，蒸馏水，其他必需的器材若干。

（2）实验步骤：

① 将 5 个培养瓶按 A ～ E 分别编号。

② 在培养瓶中分别加入浓度梯度相等的 1%、________、3% 的 NaCl 溶液。

③____________________，按下图所示装置装配好。

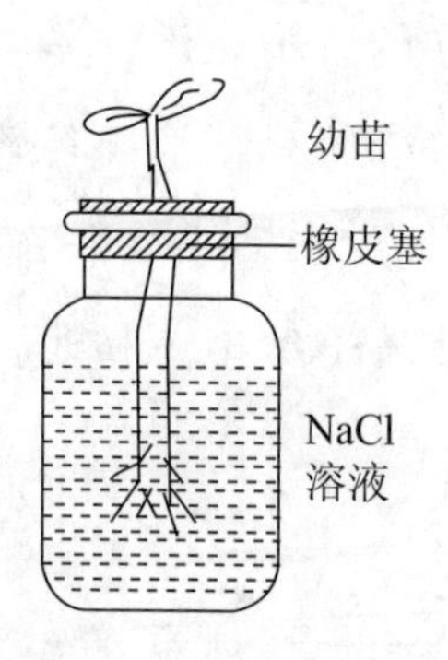

④ 将装置置于适宜的________的环境下进行培养。每天观察记录幼苗生长情况。

（3）实验记录：请设计一个表格以便对上述实验进行记录。

（4）实验结果：4 天后幼苗全部死亡，实验失败。

（5）结果分析：致使幼苗全部死亡、实验失败的主要原因在于实验方案有明显的设计缺陷，主要有：

① 从呼吸作用的角度分析，缺陷在于__________________。

② 从营养供给的角度分析，缺陷在于__________________。

③ 从实验设计科学性的角度分析，缺陷在于____________。

【答案】（2）② 1.5%、2%、2.5%；③将桐花树幼苗分别放入 5 个培养瓶；④温度和光照

（3）表格如下：

幼苗生长状况 \ 培养瓶编号 \ 观察天数	A	B	C	D	E
1					
2					
3					
4					

（5）①未设置通气装置，根无法获得氧气进行呼吸作用（合理答案也给分）。

②培养液中缺乏幼苗生长所必需的元素（合理答案也给分）。

③每组幼苗数目太少，每组应设置多株幼苗（合理答案也给分）。

【错误思路】不熟悉实验操作过程和工具使用，因此按照步骤进行时思路不确定。

【技巧总结】实验题解题步骤如下。

（1）明确实验的目的和要求。

（2）弄清楚实验原理：实验原理是进行实验的科学依据，结合所学知识，找准原理（理论方法）。

（3）选取实验材料：第一种情况是实验者根据需要自选材料；第二种情况是从题目所给材料中选择材料，题目中一般有“选用”“请选择”等词出现，既是“选用”，题目所给材料就有多余的；第三种情况是“利用”题目所给材料，所有材料都要用到。

（4）确定自变量、因变量和无关变量：三个变量一旦确定下来，题目就解出了一大半。

自变量：控制实验条件的是实验组，没有处理的是对照组。

因变量要求实验者观察、测量，有时还要进行前测和后测或取平均值。无关变量要严格控制，既要等同又要适宜，以排除对实验结果的影响。

（5）设计实验步骤：注意“分组”“编号”，分步骤一步步叙述，可先写简要的提纲。

①取材、分组、编号。

将生理、发育状态（长势）相同的生物材料随机平均分成若干组并编号为1、2、3或甲、乙、丙。

②控制自变量（设置实验组、对照组）。

根据题目提供的工具、装置等设置实验组和对照组（注意单一变量——添加任何物品、试剂都要等量）。

③控制无关变量：将装置/材料放置在适宜且相同的条件下处理/培养一段时间。

④因变量的观察、测量和记录：观察并记录实验数据和现象（结果要具体，例如颜色变化、种子萌发率、植株高度等）。

⑤分析结果，得出结论。验证性实验结果和结论唯一，探究性实验结果和结论在两个或以上，注意对应。

12.13 讲究科学合理，重视归纳总结

很多生物题型非常讲求科学性和合理性，这体现在答题的步骤逻辑和规范上，所以我们要学会这些书写的技巧和推理的规划。

【例题分析】某自花传粉植物的紫苗（A）对绿苗（a）为显性，紧穗（B）对松穗（b）为显性，黄种皮（D）对白种皮（d）

为显性，各由一对等位基因控制。假设这三对基因是自由组合的。现以绿苗紧穗白种皮的纯合品种做母本、以紫苗松穗黄种皮的纯合品种做父本进行杂交实验，结果F1表现为紫苗紧穗黄种皮。

请回答：

（1）如果生产上要求长出的植株一致表现为紫苗紧穗黄种皮，那么播种F1植株所结的全部种子中，长出的全部植株是否都表现为紫苗紧穗黄种皮？为什么？

（2）如果需要选育绿苗松穗白种皮的品种，那么能否从播种F1植株所结种子长出的植株中选到？为什么？

（3）如果只考虑穗型和种皮色这两对性状，请写出F2代的表现型及其比例。

（4）如果杂交失败，导致自花授粉，则子代植株的表现型为__________，基因型为__________；如果杂交正常，但亲本发生基因突变，导致F1植株群体中出现个别紫苗松穗黄种皮的植株，该植株最可能的基因型为__________。发生基因突变的亲本是_________本。

【答案】（1）不是。因为F1代植株是杂合体，F2代会发生性状分离。（2）能。因为F1代植株三对基因都是杂合的，F2代能分离出表现为绿苗松穗白种皮的类型。（3）紧穗黄种皮∶紧穗白种皮∶松穗黄种皮∶松穗白种皮=9∶3∶3∶1　（4）绿苗紧穗白种皮　aaBBdd　AabbDd　母

【错误思路】除了关于遗传上的知识掌握不准确之外，推理时不注重规范性而失分。

【正确解析】由题意可知，紫苗（A）对绿苗（a），紧穗（B）对松穗（b），黄种皮（D）对白种皮（d）是三对相对性

状，其遗传符合自由组合规律，则用于杂交实验的母本（绿苗紧穗白种皮的纯合品种）的基因型为aaBBdd，父本（紫苗松穗黄种皮纯合品种）的基因型是AabbDD，其杂交F1代基因型为AaBbDd，三对基因全为杂合，表现型全为紫苗紧穗黄种皮，播种F1植株所结的种子长成的植株为F2植株，其表现型就会发生性状分离，能分离出表现为绿苗松穗白种皮的类型。如果只考虑穗型和种皮两对性状，则F2代就会有四种表现型，为紧穗黄种皮∶紧穗白种皮∶松穗黄种皮∶松穗白种皮=9∶3∶3∶1；如果用上述父本与母本杂交，是使用父本的花粉对母本的雌蕊授粉，如果杂交失败而导致自花授粉，就只会有母本的自花授粉，而母本植株是纯合体，其自交后仍为纯合体，基因型不变，如果杂交正常，则F1代是三杂体AaBbDd，但亲本如果发生基因突变，导致后代出现紫苗松穗黄种皮的变异类型，一定是亲代中的显性基因B变成了b，所以是母本发生了突变，F1代的基因型为AabbDd。

【技巧总结】遗传题，特别是有关基因分离定律、基因自由组合定律的试题，是近年来高考生物试题取材的重点和热点，常常是年年考、年年新。掌握好这类遗传题的解题技能，是合理、灵活掌握遗传规律的体现，是提高考试得分的关键。针对这类试题，注意以下的解题步骤和方法：第一步，写出匹配的表现型和基因型；第二步，构建模型，写出遗传过程；第三步，采取单对突破、对对组合，隐性肯定、显性待定，子代推导亲代，子代性状（基因型）比例推导亲代表现型（基因型）；第四步，进行遗传推导，计算相关概率；第五步，整理答案，让答案变得科学、合理、可行、简洁。